主　编

陈　颖

副主编

沙　洵　王中玮

杨建芃　张伟杰

天津市档案馆
天津市地方志编修委员会办公室
编著

铁牛记忆
——天津拖拉机制造厂影音辑略

天津出版传媒集团

天津古籍出版社

图书在版编目（CIP）数据

铁牛记忆：天津拖拉机制造厂影音辑略 / 天津市档案馆（天津市地方志编修委员会办公室）编著. -- 天津：天津古籍出版社，2023.3（2024.5重印）
ISBN 978-7-5528-1318-0

Ⅰ. ①铁… Ⅱ. ①天… Ⅲ. ①拖拉机－工厂史－天津 Ⅳ. ①F426.4

中国国家版本馆CIP数据核字(2023)第028164号

铁牛记忆——天津拖拉机制造厂影音辑略
TIENIU JIYI: TIANJIN TUOLAJI ZHIZAOCHANG YINGYIN JILÜE

策　　划：唐　舰
责任编辑：王彦刚　郑　伟
责任校对：金　达　韩冬冰
装帧设计：雅迪云印（天津）科技有限公司

出 版 人：张　玮
出版发行：天津古籍出版社
　　　　　天津市西康路35号　邮政编码：300051
印　　制：雅迪云印（天津）科技有限公司
经　　销：全国新华书店发行
版　　次：2023年3月第1版　2024年5月第2次印刷
开　　本：889mm×1194mm　1/16
印　　张：20.5
字　　数：400千字
定　　价：228.00元

版权所有　侵权必究　　举报电话：（022）27305678
法律顾问：天津四方君汇律师事务所　　丁立莹律师

编辑说明

一、本书照片大部分选自天津拖拉机制造有限公司档案，少部分为编著者自行拍摄，时间跨度从1938年至2020年。

二、本书除综述、大事记外，正文共分为九篇。前八篇以照片为主，各篇之下均有综合性无题概述，照片下有文字说明。

三、第九篇为口述，包括天津拖拉机制造有限公司退休厂长、高级工程师、技术人员和职工共十位同志讲述的天津拖拉机制造有限公司历史的录音整理资料。因系个人回忆，加之受访者年龄较大，因此其中涉及的具体史实仅供参考。

四、每一位受访者之下，均有工作简历、获得奖励、口述录音整理三部分内容。

序一

天津是中国近代工业的发祥地之一，见证了中国制造业的百年沧桑。新中国成立以后，在中国共产党的坚强领导下，天津工人阶级和技术人员奋发图强，用锲而不舍的毅力和技术创新的智慧推动天津制造业迅速发展，涌现出许多全国知名的工业企业，创造出诸如"铁牛牌拖拉机""飞鸽牌自行车""海鸥牌手表""北京牌电视"等名牌产品，擎起了天津工业制造的荣耀与辉煌。

天津拖拉机制造厂是我国独立自主、自力更生建设起来的大型农机制造骨干企业，是我国第一个五年计划期间农机工业的重点项目之一，距今已有70年的历史。作为我国自行设计建造的第一个拖拉机制造厂，中国第一台汽油机、第一辆汽车和第一批中心轮式拖拉机都是在这里诞生的。老一辈党和国家领导人毛泽东、刘少奇、周恩来、朱德等同志都曾亲临视察和指导工作。在各级领导的关怀关注和指导支持下，全厂干部职工艰苦奋斗，齐心协力，克服困难，拼搏进取，使天津拖拉机制造厂不断发展壮大，成为我国新时期农业机械行业的排头兵。

习近平总书记高度重视制造业，反复强调制造业是立国之本、强国之基，是国家经济命脉所系。天津市委、市政府在"十四五"规划的开局之年明确提出"制造业立市"的发展战略。站在"两个一百年"的历史交汇点，为了更好地服务天津制造业高质量发展的重大战略，发挥存史资政育人功能，天津市档案馆（天津市地方志编修委员会办公室）编辑完成了《铁牛记忆——天津拖拉机制造厂影音辑略》一书，收集整理了大量图文资料和口述史料，展示了天津拖拉机制造厂自强不息、团结奋进的发展历程，对深入开展我市大型企业发展研究，总结我市制造业发展的历史经验，具有重要的现实意义。

今年是全面贯彻党的二十大精神的开局之年，也是天津全面建设社会主义现代化大都市的关键之年。值此新春佳节之际，档案方志学界献上这本追忆天津著名企业奋斗前行的珍贵史料，特表祝贺。是为序。

高绍平

2023年1月20日

序二

天津拖拉机制造有限公司，1956年成立，当时称天津拖拉机制造厂，简称"天拖"，至今已有67年的历史。

67年来，天拖经历了无数的坎坷沉浮，但至今依然生机勃勃。一代代天拖人秉承"自强不息、团结奋进"的铁牛精神，走"立足中国、耕耘天下"的产业化道路，这也成为这家中华老字号虽饱经风霜却依旧根深叶茂的根本原因。

1956年，在完成国家第一个五年计划的时代洪流中，作为农机工业重点项目的天拖，正式诞生。它是我国自行设计的第一个拖拉机制造厂，当时与洛阳的中国第一拖拉机制造厂和长春拖拉机制造厂并称为我国拖拉机工业的"三雄"。新中国成立初期的国产拖拉机主要就是洛拖的东方红-54、天拖的铁牛-40和长拖的东方红-28，它们为我国农业机械化立下了汗马功劳。天拖始终是我国中型轮式拖拉机的骨干生产企业，从绿色的铁牛-40到红色的铁牛-55，都是驰骋我国金色田野的轮式拖拉机的主体机型。中国第一台汽油机、第一辆汽车和第一批中型轮式拖拉机都是在天拖诞生的。老一辈无产阶级革命家毛泽东、刘少奇、周恩来和朱德都曾亲临天拖视察和指导工作。企业的每一步发展都是天拖人用铁牛精神共同铸造的成果。

2020年，天津拖拉机制造有限公司完成混合所有制改革，股权结构发生变化，不过天拖的名称没有改，商标没有换，铁牛精神依然在传承。如何充分发挥和调动天拖的固有优势，在新时代"再造天拖"，不仅是每个天拖人的期望和使命，而且是天津父老乡亲念兹在兹的热盼。我们欣喜地看到，改制后的天拖已经从产品、市场、行业等层面多角度定下全面提高的战略目标，明确了最终实现"把'铁牛'开到全世界"的企业愿景。

抚今追昔，感慨万千。今天，热爱天拖的人们推崇它为天津制造业的骄傲。这一金字招牌来之不易，是无数前辈的心血凝聚而成的。作为天津人，我们当怀着感恩的心情，向所有曾在天拖这块园地辛勤耕耘的前辈致以敬意，并加意珍惜天拖的品牌，希望它发扬光大。

习近平总书记强调："一切向前走，都不能忘记走过的路；走得再远、走到再光辉的未来，也不能忘记走过的过去，不能忘记为什么出发。"天津作为中国近代工业的发源地之一，它的制造业与百年近代以来中国的历史同命运、共沉浮，历尽艰辛，今天的局面来之不易。一代代先驱与时俱进、不懈奋斗，才缔造了天津百年工业的辉煌成就。瞻望将来，更是任重而道远。作为档案方志人，我们在天拖成立67年之际，整理了企业的照片档案，同时采访了一批天拖的老领导、老专家，编辑完成这部《铁牛记忆——天津拖拉机制造厂影音辑略》，希望能以微观的视角，记述天津工业的变迁，以期为制造业立市的战略贡献一份绵薄之力。

谨序如上，与关注天拖及致力于档案方志事业的诸君共勉。

2023年2月2日

目录
CONTENTS

- 008　综　述
- 019　关怀篇
- 029　历史篇
- 051　成就篇
- 097　职工篇
- 139　厂庆篇
- 159　文化篇
- 183　交流篇
- 211　铭记篇

231　口述篇

- 232　付洪宾
- 240　肖　周
- 245　陈维祥
- 251　高维新
- 260　管敏礼
- 268　吴敬群
- 278　张俊杰
- 289　刘　明
- 296　温　辉
- 304　陆为民

310　大事记

312　天津拖拉机制造厂荣获天津市劳动模范职工名单（1950—2015年）

316　编后记

综 述

习近平总书记高度重视实体经济和制造业发展，他指出，中国必须搞实体经济，制造业是实体经济的重要基础，自力更生是我们奋斗的基点。作为中国老工业基地的天津，市委、市政府贯彻习近平总书记的要求，提出制造业立市的战略，锻长补短、聚势赋能，做大做强优势产业链，增强科技创新引领能力，着力提升产业链发展能级和制造业竞争力，不断把战略势能转化为发展动能。

有着辉煌历史的天津拖拉机制造有限公司（简称"天拖"），是中国第一家自行设计生产拖拉机的民族企业。中国第一台汽油机、第一辆汽车、第一批中型轮式拖拉机都在这里诞生。"自强不息、团结奋进"的铁牛精神伴随着企业的成长和发展，也必将在新时代引领天拖迈向新的辉煌。

一、在民族苦难中诞生

天津拖拉机制造厂的前身设立于抗日战争时期，是日本侵华的产物，浸润了中华民族深重的苦难。日军占领天津后，日本军商于1937、1938年间建立汽车修理厂。1938年，该厂被日本丰田自动车工业株式会社接管，以装配丰田牌卡车为主要业务，一切零件均来自日本和伪满洲国，同时也承担汽车修理业务，后来又生产过一些汽车配件。

1941年太平洋战争爆发后，日军规定一切军用生产企业均由军队管辖。工厂曾改名为"'北支'自动车工业株式会社"，又改名"华北自动车工业株式会社"。当时的厂址在今天津市南开区南开三纬路。全厂占地面积约10万平方米，其中有70%闲置未用。厂房建筑不足2万平方米，生产设备100多台。

1938 年全厂职工 300 人左右，1942 年增加到 800 人，其中生产工人 500 人、辅助工人 200 人、职员 100 人。

1945 年日本投降后，伪军三一部队占领了该厂，公开盗卖物资。11 月 19 日国民党政府九十四军进驻天津后，战时运输管理局接收该工厂。1946 年 1 月 1 日转隶交通部公路总局平津区汽车修配总厂，更名为天津汽车制配厂，开始复工生产。

当时的天津汽车制配厂以制造汽车配件和客车车身为主要业务，曾经生产过活塞、活塞环、活塞销、汽车蓄电池等配件，制造过公路长途客车、天津市市内公共汽车和各企业专用客车的车身，也承担过全国汽车牌照的制造任务。1947 年仿照日本"马自达"即松田三轮汽车，研制成功三轮汽车，生产过货车型、客车型、敞车型等三轮汽车 60 多辆，成为我国自主生产汽车的先声。因此，职工的技术能力也在一定程度上得到了锻炼。

1948 年 12 月 1 日"华北剿总"以借用名义接管了天津汽车制配厂，将其与由张家口迁来的总合修理机器厂合并，作为制造地雷、冲锋枪等兵器的企业。

国民党统治时期工厂规模没有扩大，三年多的时间里只新建了一个为制造汽车蓄电池极板而设的制粉车间，面积 135 平方米，增添了少量生产设备。1946 年复工生产时，全厂共有职工 300 人，1948 年增加到 600 人。职工宿舍六处共 3000 多平方米。固定资产总值约合旧人民币 68 亿元。

二、在天津解放后迎来新生

1949 年 1 月 15 日天津解放，天津汽车制配厂与全市人民一起迎来了新生。在党和人民政府的关怀支持下，天津汽车制配厂获得长足发展，有力支持了解放战争和抗美援朝运动，为国家开展大规模工业化建设奠定了基础。

天津解放后，总合修理机器厂连同其由张家口运来的设备等全部迁回张家口，原借用天津汽车制配厂的生产资料移还原厂。天津市军事管制委员会接管部摩托处接管了汽车修配总厂及所属天津汽车制配厂，军代表程华明随军到厂。1949 年 5 月 12 日改由军管会接管部工业处领导，军代表李玉盛到厂。军管结束后李玉盛任厂长，是该厂的第一任厂长，并担任厂党委书记等职 18 年。在他的带领下，工厂经历了恢复、整顿、健全、发展等阶段，为国家农机工业作出了贡献。随着政府机构的逐步建立与发展，天津汽车制配厂曾隶属于华北人民政府公营企业部华北机器制造公司，后又转隶中央人民政府重工部机器工业管理局和第一机械工业部汽车工业管理局。

　　天津解放、接管后，人民政权立即组织生产、恢复生产。1949年3月1日正式复工，4月25日刘少奇同志来厂视察。

　　工厂复工后首先进行了民主改革，成立了工厂管理委员会，发动和依靠广大职工群众，研究工厂的组织机构、生产任务和管理办法，并在工人群众中推选代表参加民主改革的领导工作、参加编制规章制度的具体工作，工人们亲身体会到了当家做主的感觉。同时，政府实施了经济管理措施，工人生活水平逐步提高。在民主改革中，通过群众讨论，制订了考勤、奖惩、设备管理、工具管理、材料管理、劳动纪律、合理化建议和职工任用、到职、离职等管理规章制度。在工人自觉参加、自觉遵守的情况下，工厂建立了适合当时形势的生产管理新秩序，为恢复发展生产创造了有利条件，打下了坚实基础。

　　当时解放战争还在进行，工厂生产了各种型号的汽车配件，并制造了几百辆木制胶轮大车支援解放军南下。1950年生产过15马力（11千瓦）铁道摩托车，1951年制成"5141型"四缸15马力（11千瓦）汽油发动机。此后，以汽油机为主要产品，先后生产了"5141型""5142型""5341型""26型""150型"等各种型号的汽油机。汽油机的品种和数量逐年增加，为军用发电、工业建设和农田水利提供了动力机械。

　　1951年，工厂利用自制的"5142型"汽油机装配出吉普车两辆和旅行轿车一辆，为制造整机做了一次有意义的尝试。当时职工代表驾驶自制汽车前往北京，向党中央、政务院报喜，在中南海受到朱德、聂荣臻同志的热情接待。朱德同志当即乘车一游，对试制汽车的成功给予很高评价。天津市总工会召开大会向全市介绍汽车制配厂改进生产技术的经验。当年天津汽车制配厂被评为天津市一等模范厂。

　　1953年2月26日毛泽东同志来厂视察，他鼓励工人和干部当好主人、搞好生产，全厂职工受到莫大鼓舞。

　　1954年11月，经第一机械工业部与天津市研究，确定由天津汽车制配厂生产拖拉机，产品型号定为仿苏联白俄罗斯明斯克厂"МТ3-2型"37马力（27.2千瓦）轮式中耕拖拉机，年产3000台。因此，在完成原生产任务之外，天津汽车制配厂又开始了紧张的工厂扩建设计和新产品试制及生产准备工作。

　　这一时期，天津汽车制配厂学习苏联的管理方法，贯彻当时第一机械工业部制定的一系列管理制度，建立工厂的计划管理体制，组建计划科，推行作业计划，建立统计制度，整顿原始记录，认真执行新产品试制管理办法，改进设备维护保养管理制度，推行凭单日记账和财务管理新体制，建立材料、工时定额管理制度。

◎ 综述

三、在社会主义建设中曲折前进

1956 年，全国超额提前完成第一个五年计划规定的任务，工农业产值大幅度提高，经济结构发生了很大的变化，为工业化奠定了初步基础。同时，农业、手工业和资本主义工商业的社会主义改造得以完成，为生产力发展创造了更有利的条件。

1956 年 1 月 1 日，天津汽车制配厂正式更名为天津拖拉机制造厂。同时，根据第一机械工业部指示，与位于河东区的天津示范机器厂合并。此外，将原天津市第五机器厂的两幢厂房接收，作为分厂，生产目标为年产"MT3-2 型"拖拉机 2500 台。工厂的改建设计由第一机械工业部第一设计分局负责。

1956 年 5 月，因国家计划改变，上级决定天津示范机器厂脱离拖拉机厂，独立生产工作母机，拖拉机的生产任务仍按原计划执行，集中在南开区原汽车制配厂厂址进行生产区扩建。

当时第一机械工业部部长黄敬非常关心天津拖拉机厂的发展，曾多次来厂视察指导。

根据农业生产对拖拉机的需要，1957 年年底，第一机械工业部决定将天津拖拉机厂的扩建目标增加到年产 5000 台，并将型号调整为"MT3-5 型"40 马力（29.4 千瓦）拖拉机。为此，工厂新建、改建、扩建了部分车间。

拖拉机的产品试制按照部颁《新产品试制管理办法》进行，技术水平比 1950 年试制铁道摩托车、1951 年试制吉普车时大为提高。此次试制严格正规，包括工艺分析、工艺装备、检查鉴定、运转试验等流程。经过全体职工的积极努力，第一批国产轮式中马力拖拉机终于在 1958 年 4 月 10 日制成，以"铁牛"作为商标。

1958 年天津拖拉机制造厂划归天津市领导。天津市和第一机械工业部研究决定，将天津拖拉机厂的生产规模由 5000 台增至 30000 台，"MT3-5 型"和"ДТ-24 型"拖拉机各 15000 台。由于南开三纬路厂址面积太小，不能满足扩建需要，因此天津拖拉机制造厂另在距老厂不远的南开区李纯祠堂以西选址新建厂区，老厂区改建为发动机分厂。

1958 年 7 月 9 日，刘少奇同志来津视察时，曾在市干部俱乐部接见天津拖拉机厂代表。同年 11 月 13 日，朱德同志来厂视察。

1959 年，新成立的农业机械部对天津拖拉机厂的建设方案进行调整，生产能力调整为年产"铁牛-40 型"拖拉机（即仿苏"MT3-5 型"）24000 台，新厂厂址设在南开区红旗路。根据建设方案，天津拖拉机厂除生产"铁牛"整机外，还为外单位生产供配套使用的柴油发动机、汽油起动机、齿轮、车轮、液压系统、燃料系统，同时配备有自行生产大型机械设备和各种工艺装备的能力。这一方案，规模宏大、项目齐全，计划总投资 1.8 亿元。

与此同时，老厂区的生产继续进行。1959 年开始批量生产拖拉机，1960 年创造了年产 1909 台的新纪录。在生产拖拉机的同时，1957—1959 年，天津拖拉机厂曾制造 "24A 型""25 型""410M 型"等煤气机 18487 台支援农村。1959 年又试制成功 "4019 型"和平牌小汽车，虽未批量生产，但为国产中级小轿车进行了探索。因此，国务院总理周恩来曾在中南海接见天津拖拉机厂代表。

1958 年扩建新厂的任务下达后，在 "大跃进"的形势下，打破既定基建程序，采取了边设计边施工的办法。在全部设计未完之前，根据单项工程的施工图先在李纯祠堂厂址动工建设。重新选址后又于 1959 年 12 月 15 日在红旗路新厂址破土动工。

1961 年，"调整、巩固、充实、提高"八字方针提出后，农业机械部对天津拖拉机厂扩建初步设计的方案，进行全面复查落实，将生产规模改为年产"铁牛-45"型（仿苏"МТЗ-5 型Л"）45 马力（33.1 千瓦）拖拉机 2 万台，计划投资 2.2 亿元。同时，天津拖拉机厂转隶农业机械部直接领导。农业机械部将天津拖拉机厂建厂工作列为部重点任务，组织大会战加以推进。农业机械部与天津市组成会战总指挥部，农业机械部副部长张逢时任大会战总指挥，中共天津市委候补书记崔荣汉任副总指挥，长期驻现场指挥作战。农业机械部部长陈正人也多次来厂视察指导，并在 1964 年 5 月 10 日召开的誓师大会上作了动员报告。会后，建厂工作顺利开展。

为了坚决纠正只重数量、忽视质量的错误倾向，从 1961 年开始，天津拖拉机厂停止生产，开展整顿质量工作。其间，农业机械部副部长沈鸿曾来厂检查工作情况，并作出具体指示。

这一时期，全厂进一步集中力量开展基本建设，形成大扩建大发展的新局面。至 1964 年，先后开工并基本建成了工具、机修、冲压、锻工、模型等车间和锅炉房、空压站、降压站、配电站、氧气站等站房。

1964 年年末，根据中央提出的加强内地建设和小而专、小而散的要求，国家计划委员会和农业机械部决定缩小天津拖拉机厂的建设规模，对年产 2 万台的全厂进行拆分重组，工具部分迁贵阳，锻工部分迁湖南，齿轮部分迁西宁，发动机部分迁北京。位于南开三纬路的老厂更名为天津机械厂，专门生产液压件；位于红旗路的新厂改为年产拖拉机 5000 台底盘并进行总装的专业厂；铸坯、锻坯、齿轮、发动机全部由外厂协作供给。

◎ 综述

按照农业机械部确定的年产5000台"铁牛-45型"拖拉机底盘并进行总装的方案，天津拖拉机厂请洛阳设计院组织现场设计队伍，边设计，边施工。因为设计、施工单位都在现场，所以为了简化程序，往往不出具正式图纸，给施工造成了不少困难，也为投产后的维修管理带来了很多不便。另外，为了追求速度，建设中尽量利用已有设施，致使某些环节工艺水平过低。尽管面临一定困难，但在设计、施工和建设单位全体职工的努力下，天津拖拉机厂改建工作终于在1965年基本完成。

同时，由于铸造和锻造毛坯由外厂协作供给，导致毛坯供应不及时，给组织生产带来一定困难，因此在全厂建成后陆续补充建设了一些车间。1966年补充了锻工车间，1967年又补充了铸工车间。

这一时期，天津拖拉机厂使用北京内燃机总厂配套供给的55马力（40.5千瓦）柴油发动机，对"铁牛-45型"拖拉机离合器等处进行适应性改进，推出"铁牛-55型"拖拉机，1966年开始生产。

"文革"时期，天津拖拉机厂的生产、管理和职工思想受到极大干扰，生产秩序遭到一定破坏，但在全厂职工的努力下，拖拉机产量年年有所增加。这一时期，天津拖拉机厂还承担了部分军工生产任务。

1970年7月6日，国务院总理周恩来在北京接见了天津拖拉机厂的职工代表。周总理勉励职工代表要努力改变工厂面貌，提出了"变天天拖为天天赶天天超"的要求。在周总理的激励与鞭策下，经过全厂职工的努力，1971年，天津拖拉机厂的生产能力达到了年产5000台的设计水平。

1968年11月，天津拖拉机厂由天津市代管，1970年6月正式交由天津市管理。1972年，天津市和第一机械工业部制定了扩建天津拖拉机厂、使产量翻一番的任务，要求"铁牛-55型"拖拉机的年产量由5000台发展到1万台。

天津拖拉机厂采用边生产边扩建的方法，在扩建期间拖拉机的年产量一直保持在5000台的水平，并略有增加。虽然受到1976年唐山大地震的影响，但工厂的扩建工作于1978年基本完成。

四、在改革开放初期奋发图强

党的十一届三中全会的召开，标志着改革开放和社会主义现代化建设新时期的开始，全国人民干事创业的热情被极大地激发出来，新政策逐步确定，新探索不断涌现，各条战线的工作取得重大进展。天津拖拉机厂贯彻"调整、改革、整顿、提高"的八字方针，积极整顿企业、改革管理、增加品种、提高质量。1978年，接受"铁牛-65型"和"铁牛-80型"拖拉机设计任务。1979年完成"铁牛-65型"

的产品设计，试制出样机。1980年又完成"铁牛-80型"的产品设计，也试制出样机。

为适应国家农业体制改革的需要，天津拖拉机厂加强社会调查和市场预测，强化销售技术服务，并成立了销售技术服务公司。在全国农机产品普遍滞销的情况下，1979年天津拖拉机厂非但没有减产，而且比上年度增产33%，产销量达8110台。1980、1981年继续增产，1981年产量为10720台，达到了年产万台的设计水平，创造了生产的新纪录。

在此期间，天津拖拉机厂推行全面质量管理，产品质量逐步改进提高。1980年4月，在洛阳拖拉机研究所对全国五种主要机型"东方红-75""东方红-28""丰收-35""丰收-27"和"铁牛-55"进行的用户调查评比中，"铁牛-55"拖拉机名列第一。同年，"铁牛-55"获得农业机械部和天津市"优质产品"称号。

天津拖拉机厂加强企业经济核算，推行了车间核算，制定内部利润计算考核办法，建立了经济责任制，强调经济效益。自1979年起，扭转了长期以来的亏损状况，实现盈利。上缴利润率、产值利润率年年增加，资金周转在天津市第一机械工业局系统也达到先进水平。1981年实现利润1689万元，上缴利润1172万元。

1982年以后，全国拖拉机市场发生较大变化，但铁牛拖拉机的产量依然保持在万台左右。1982年产量为10303台，1985年产量为9000台。1984年，天津拖拉机厂成为全市首批"重合同守信誉"单位，同时还荣获"天津市容貌整洁先进单位"称号。1985年，实现利润2147万元，首次突破了利润总额两千万元大关，创历史最高水平。同年，天津拖拉机厂进行有史以来第一次全面体制改革。这次改革，以加强基础管理、增强企业活力、调动职工积极性为基点，以厂长负责制为主线，改革行政机构、扩大车间权力、推行经济承包责任制、实行干部录用制。此外，自1984年以来，天津拖拉机厂逐步在内部银行账目、财务成本、财务结算、产品图纸管理、设备档案管理和直边花键滚刀设计计算等方面推广使用微型计算机。

从1982年起，天津拖拉机厂对"铁牛-55型"拖拉机的质量和性能进行改进。将行车速度由原22.3公里每小时提高到28.64公里每小时，同时改进了制动系统能适应提高速度的需要。此外，改进电器系统，将指挥箭改为闪光灯，提高驾驶座的舒适性。1983年，为满足用户对驾驶室的需要，设计生产了安全封闭型驾驶室，结束了多年来"铁牛-55型"拖拉机没有驾驶室的历史。

在此基础上，天津拖拉机厂进一步改进发动机的性能，制造出"铁牛-55A型"拖拉机，使油耗由192克每马力小时降至187克每马力小时。为了适应农村利用拖拉机进行运输的需要，生产了不带农

◎ 综述

具操纵液压系统和农具悬挂装置的"铁牛-55F型"运输专用拖拉机。为了适应拖拉机拖带自卸拖车的需要，又生产了附有液压自卸装置的"铁牛-55F1型"拖拉机。为了适应某些地区的气候条件，生产了不带汽油起动机的"铁牛-55CD型"电起动拖拉机。

这一时期重要成果是研制生产了电起动宽轮胎"铁牛-55ED型"新拖拉机。该型号的拖拉机装有半分置式液压系统、力位调节机构，具有农具重量转移作用，改善了后轮附着性能，提高了挂钩牵引力。因此，在查定耕地作业时，可提高生产率20%～30%。该型拖拉机可以根据阻力大小自动调节耕深，既保证耕地质量，又大大减轻了驾驶员的劳动强度。同时，该型拖拉机还可配装一个单作用液压输出阀或三阀分配器，实现一机多用，更能发挥田间农牧作业的优越性。1983年"铁牛-55ED型"拖拉机荣获国家经济委员会颁发的"优秀新产品证书"，获得了"金龙奖"。

为了进一步提高拖拉机产品的水平，国家决定在积极改进铁牛拖拉机的性能、增加品种、提高质量之外，还要积极引进国外先进机型。机械工业部在充分研讨基础上，确定引进美国约翰·迪尔（John Deere）拖拉机系列产品。1983年3月，国家计划委员会批准了可行性研究报告。同年9月，机械工业部与美国约翰·迪尔公司签订了引进西德曼海姆约翰迪尔拖拉机的合同，投资3400万元。1984年，天津拖拉机厂配合机械工业部第四设计院，完成了引进迪尔拖拉机技术并实现年产3000台任务的初步设计。

1985年，天津拖拉机厂又改进生产了"铁牛-55C型"拖拉机。该型拖拉机采用整体式罩板系统，美观大方、造型新颖，使拖拉机的装拆维修更为方便，转向系统等部位也进行了改进，整机造型焕然一新。

1986年，天津市政府决定将天津拖拉机厂划归新组建的天津汽车工业（集团）公司领导。天汽（集团）公司为扩大夏利轿车的生产能力和提高天拖厂的经济效益，又决定将大发微型卡车由天拖厂生产，天拖又重新扩大汽车车间生产能力，还新组建微型汽车变速箱和微型卡车焊装两条生产线，并于1991年年底开始批量生产大发微型卡车。

1992年，为适应大型农场的需要，天津拖拉机厂在批量生产60马力（44千瓦）拖拉机的基础上，决定批量生产654型拖拉机即65马力（47.8千瓦）4轮拖拉机。

五、在市场经济的大潮中砥砺前行

党的十四大确定了建立社会主义市场经济体制的改革目标。天拖努力适应市场需求，研发适销对路的新产品，以改革为动力，建立现代企业制度，实现企业的"二次创业"。在此基础上，以开放的姿态引进外资，组建约翰·迪尔天拖公司，尝试新的发展途径。

1993年，天津拖拉机厂承担开发研制2815型农用运输车，当年试制成功，通过国家检测认证并取得生产许可证，大批量投产，销往全国各地，取得了良好的经济效益。

1996年，天拖公司进行了现代企业制度改革，首先是精简人员，其次是改车间为分厂，以"模拟法人"的方式进行管理。在农机市场疲软、竞争激烈的情况下，天拖公司及时进行了产品结构调整，拖拉机产品由5型发展到60、65、70、75、80等大功率型。这些大功率拖拉机特别适应山东、河北、河南以及东北等地区，辐射面逐渐扩大，销售量也不断加大。通过两年的努力，1998年天拖公司不仅填平了1995年亏损的3507万元，而且还略有盈余，整体经济效益逐步回升。

1998年，天拖公司提出"以人为本，科学管理，二次创业，重塑形象"的口号，以实现1998年至2000年奋斗目标，将天拖公司改造成为现代企业制度的新型企业，基本实现一年推出一个新产品，不断满足市场需求。当年，天拖公司推出110型大功率拖拉机，以满足大型农场的需求。另外，为合理调整产品结构，满足用户对拖拉机配套农机具的需求，天拖公司又相继开发了旋耕机、灭茬机、玉米联合收获机以及摘棉机等配套新产品，实现了拖拉机、农机具同时开发的"两条腿走路"的战略部署。

1999年是天拖公司"二次创业"的第二年。年初，天拖公司组织员工开展了"创新大讨论"。以创新的精神在产品质量、成本控制、机制改革等方面有所突破，确保实现"二次创业"第二年的目标。对玉米收获机进行了产品改进，使得割台行距可调，适应了不同种植方式的收割要求。对市场走俏的新型农机具——灭茬旋耕机的产量也加大了1倍，投放市场后，不仅增加了盈利因素，而且增强了机具配套性，促进了拖拉机的销售。在控制成本上，天拖公司"学邯钢，降成本"，进一步量化指标，细化考核，控制各种支出，确保增产增效，从而使4种型号的拖拉机成本均下降35%以上。在产品质量方面，天拖公司牢固树立"用户第一"的质量意识。"眼睛向内，真正抓质量"，并提出"一切为了用户"的经营思想，抓好自己的产品质量。结合农机企业贯标，在全国大功率拖拉机生产企业中，天拖公司成为第二家通过ISO9001质量体系认证的企业，同时获得了英国UKAS认证，建立了完善的质量保证体系。

2000年8月，天拖公司作为国内第一家大型农机生产企业与美国约翰·迪尔公司合资组建了约翰·迪尔天拖公司，投资总额达2999万美元，主要经营拖拉机及其他农业机械。合资公司引进了美国约翰·迪尔公司的先进管理系统，在强化质量基础上，对铁牛牌拖拉机进行了改进，进一步提高其技术性能及质量，降低生产成本，并不断推出新产品，满足国内外用户需求。迪尔天拖拖拉机产品覆盖 40.4～88.2 千瓦（55～120 马力）功率段，产品销量逐年增加，在国内同行业中名列前茅。

2004 年以来，迪尔天拖公司通过大中型拖拉机的本地化开发与生产，运营状况良好，取得了良好的经营业绩，获取了较高额的利润。在中国大中型拖拉机市场上，迪尔天拖的产品表现出了明显的竞争优势，呈现出持续的供不应求态势。2006 年迪尔天拖拖拉机产销量达到 5000 多台，销售额达 9.9 亿元。迪尔天拖产品不仅在国内广受好评，而且远销巴基斯坦、津巴布韦、印度尼西亚、斯里兰卡、哥伦比亚和缅甸等国家。其中 2006 年，迪尔天拖顺利中标巴基斯坦政府出资在全球范围进行采购 2500 台大型拖拉机项目。2009 年，迪尔天拖公司产值为 14 亿元，占全市农机工业总产值的 77.78%。

2002 年天津拖拉机制造有限公司主导研制大中马力拖拉机无人驾驶颠簸试验设备，6 个多月完成设计制造调试，并交付使用。该设备的特点是大中马力轮式拖拉机可以在无人驾驶状态下，按照试验规范要求，通过机械液压控制机构自动控制系统实现拖拉机沿设定的圆周轨迹进行不间断的颠簸试验，做到安全可靠。有多品种国内大中马力拖拉机在该设备上进行试验，效果良好，填补了我国大马力拖拉机无人驾驶颠簸试验的空白。

自 2003 年起，天拖公司与中国农业机械化科学研究院合作，研发铁牛牌自走式稻麦联合收割机，从此结束了合资以后天拖公司没有主导产品的历史。同年 5 月，开发出 4LZ-2 型谷物联合收割机。2005 年 1 月 30 日，天拖举办了一次天拖铁牛牌新产品鉴定成果新闻发布会，宣告天拖"新生再造"的开始，与客户分享新生的喜悦。此后不到一年的时间里，就与中国农业机械化科学研究院合作研发成功铁牛牌半喂入式水稻联合收割机。2005 年 9 月，又推出 4YD-4（3）型背负式玉米收获机。至此，铁牛牌产品全面进入小麦、玉米和水稻联合收割机制造业领域，逐步形成自走式谷物联合收割机、半喂入谷物联合收割机、玉米收获机三大系列稳定的产品结构。

从 2006 年起，天拖参与了科技部"十一五国家农业装备科技支撑项目"的两个子项目。一是收获机自动化检测报警系统研发，二是收获机通用底盘设计开发。几经起伏，"铁牛"这个老品牌从自主创新中获取了发展的力量。

2008 年，借滨海新区开发开放的东风，天拖迁入滨海新区，建成年产拖拉机 1.6 万台，其他农业机械 1.6 万台（套），加上一个年产 5 万辆的整车生产线，50 多万平方米的农机汽车工业园。

2010 年，天拖在宝坻区九园工业园内建设了新工厂，扩大生产能力并进行技术提升改造，形成年

产 1000 台 125～185 大马力（91.9～136 千瓦）轮式拖拉机的产能。此项目的实施和投产缓解了国内大马力拖拉机长期依赖进口的局面，填补了国家这一领域的空白，同时也满足了三北地区农产品规模化生产对大马力拖拉机的需要。

2012 年，天津拖拉机制造有限公司与美国约翰·迪尔公司决定合资公司终止。

2012 年，天津拖拉机制造有限公司被天津市评为"津门老字号"企业。按照市委、市政府的部署，全面完成了混合所有制改革，实现了股权结构变化。8 月 28 日，天津拖拉机制造有限公司在北辰区华盛道 30 号举行新址落成暨新产品下线仪式，并召开拖拉机技术与市场前瞻研讨会。活动期间，推出无人驾驶拖拉机，这是天津第一台无人驾驶拖拉机，也是中国第一款单天线无人驾驶拖拉机。天拖以崭新的面貌呈现在世人面前。

2015 年 2 月 10 日，天拖公司新产品 TNB-140 系列大马力拖拉机下线，该产品变速箱同步器换挡挡位多，速度范围广，操纵方便。动力输出、分动箱采取电液控制，操纵更简单，可以适应不同地区的各种农田作业，它标志着天拖公司在技术创新和产品研发方面又取得了新的突破。

在发展中，天拖逐步形成了拖拉机和收获机两大产品体系。拖拉机包括 E 系列短车身，适合水田等小地块；C 系列动力强劲，适合西北区域；A 系列则适合华北平原。2016 年，天拖进一步研发了适合东北地区的 B 系列。2017 年，天津拖拉机制造有限公司推出全新机型——161.7 千瓦（220 马力）拖拉机和籽粒收获机。这两款机型为天拖创新研制而成，效率更高，作业速度更快。其中，TNB2204 是天拖为适应深松作业等强劲动力需求研制的，适用于东北等地区作业。该机型延续了铁牛拖拉机一贯的附着力强、牵引力大、力分布均匀的特点，在同等功率段中表现卓越。配置同步器换挡，操作更轻便；发动机采用博世高压共轨系统，性能稳定高效。籽粒机则是在玉米摘棒机的基础上，研制而成的。

党的十八大以后，中国特色社会主义进入新时代。习近平总书记对于国有企业改革发展发表了一系列重要论述，为国有企业改革发展指明了方向，提出了全方位的新要求。习近平总书记强调，积极发展混合所有制经济，是新形势下坚持公有制主体地位，增强国有经济活力、控制力、影响力的一个有效途径和必然选择。具有光荣历史的天津拖拉机制造有限公司也迎来新的发展机遇。

关怀篇

　　1949年1月15日天津解放后,天津迎来新生。人民政权接管天津拖拉机厂,立即组织恢复生产。党和国家领导人非常重视,1949年4月25日,刘少奇同志来厂视察,极大鼓舞了同志们的干劲。为了改变新中国工业落后的面貌,加速工业生产的速度,我国于1953年开始了发展国民经济的第一个五年计划。1953年2月26日毛泽东主席来厂视察,他鼓励工人和干部当好主人、搞好生产,全厂职工受到莫大鼓舞。此后毛泽东、刘少奇、朱德、周恩来等党和国家领导人多次来厂视察,指导天拖建设。机械部,机电部,天津市委、市政府等各级领导也纷纷对天拖进行工作指导。在各级领导的关心、关注和帮助下,天津拖拉机厂进入蓬勃发展时期,成为我国新时期农业机械行业的排头兵。

1965年天拖厂召开新产品研制成功庆祝大会，这是农业机械部陈正人部长在讲话

20世纪60年代原农业机械部张逢时副部长在老厂作报告

◎ 关怀篇

1987年天津市副市长聂璧初（居中）来厂检查指导工作。图为聂副市长听取天拖各部门代表意见

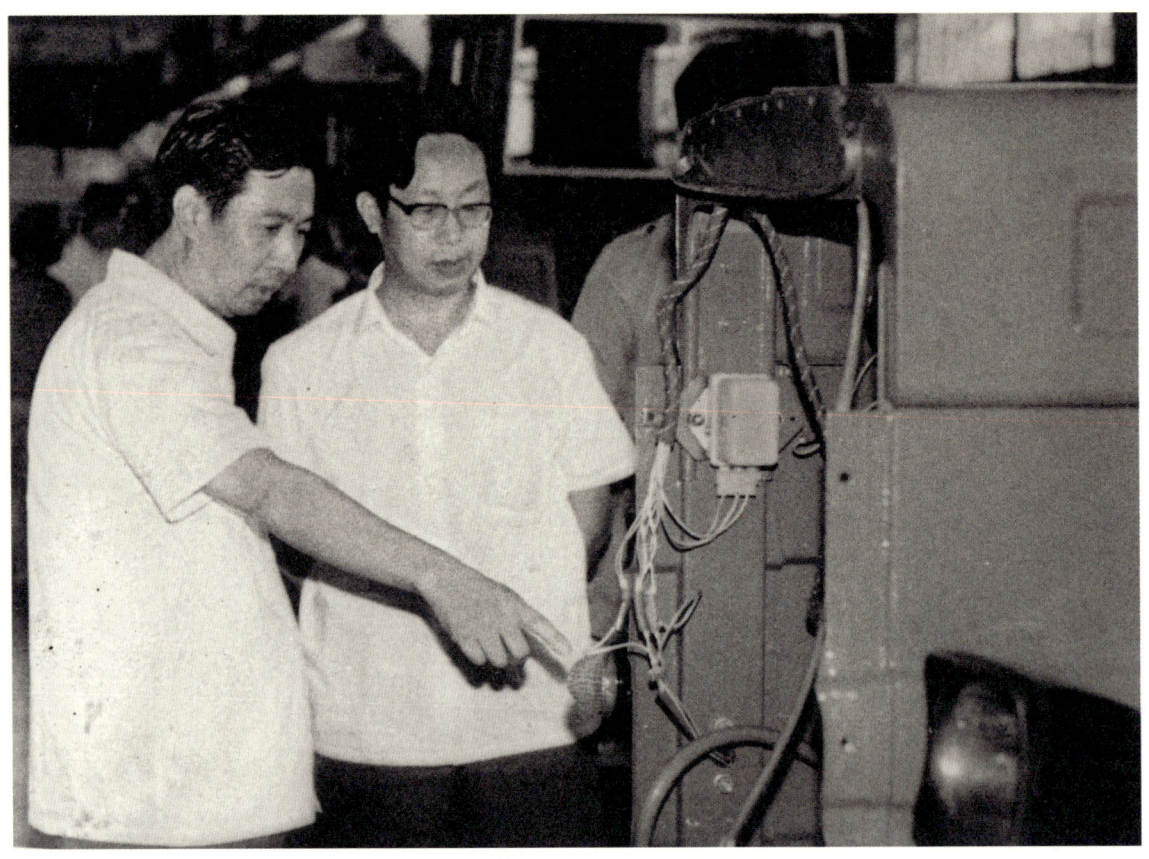

1987年机电部副部长李守仁（右）来厂检查工作，厂长唐本耀（左）陪同

1988年机电部部长何光远（前排左）来厂视察

◎ 关怀篇

1989年机电部副部长唐仲文（左三）来厂检查工作。图为在产品处迪尔样机装配间

1989年4月在天拖举办节材降耗展示会，天津市领导李慧芬（右二）、杨竞衡（左二）、肖元（左三）参观展览

1995年5月20日天津市人大常委会主任聂璧初，市委副书记、常务副市长李盛霖到天拖研究天拖产品发展方向目标及天拖产品成为天津市机械工业拳头产品的问题

1997年7月25日天津市副市长杨新成（中）到天拖公司洽谈股票上市事宜，总经理杜允中（左）、书记张赶伙（右）陪同

1997年8月19日杜允中、卢纪兴等公司领导会见了天津市顾问委员会主任韩恩甲、市经委副主任陈维仁、市证券管理办公室主任李山海、市政府工业调整办公室主任李庆云，就天拖股份制改革和股票上市事宜进行了磋商，此次会谈对重塑天拖形象起到了决定性作用

1998年1月20日天津市常务副市长李盛霖（右）到天拖指导工作并看望原工具分厂员工

1999年2月7日天津市原副市长吴振（左中）到天拖公司视察工作

1999年2月12日天津市市长李盛霖（居中）到天拖公司慰问职工，杜允中总经理等领导陪同

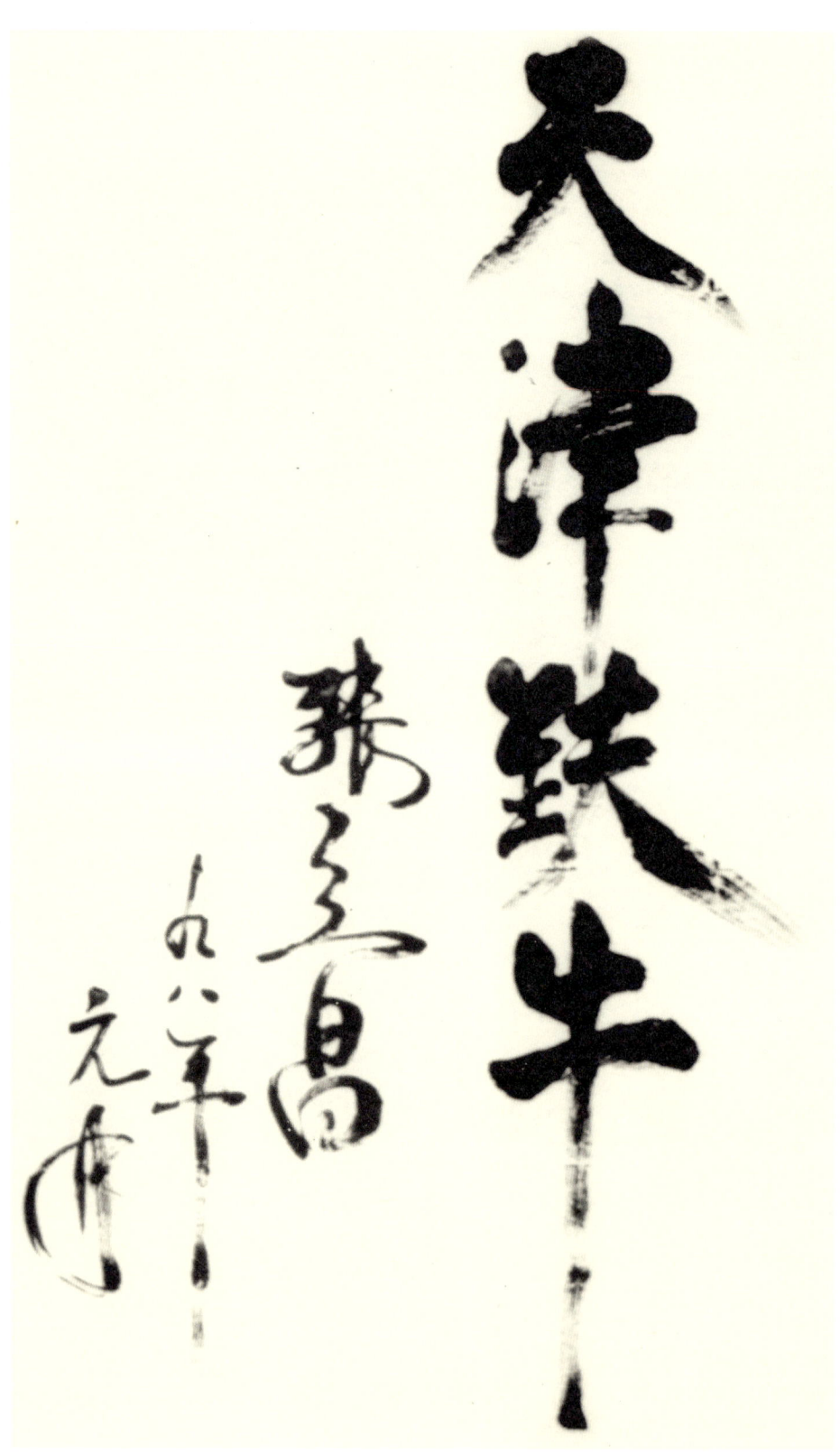

1998年1月张立昌市长为天拖题词

历史篇

　　七七事变后，华北沦为日军占领区，从原来的日军前沿地带变成了日军向南方侵略的作战基地。天津作为华北地区的工业中心，成为服务于侵略战争的生产基地。在这种背景下，天拖应运而生。1945年日本投降后，国民党政府接收该工厂。1949年1月15日天津解放后，天拖正式回到人民怀抱，当时定名为天津汽车制配厂。1956年1月1日天津汽车制配厂正式改名为天津拖拉机制造厂。1959年12月，天拖扩建工程在红旗路破土开工。随着国家经济建设和改革开放的发展，天拖也一步步改变着自己的面貌。

一、新中国成立前
以下照片均为新中国成立前，天津拖拉机制造厂前身

约1937年天拖前身旧厂址（今南开区南开三纬路）

◎ 历史篇

约1937年日本侵略者在天拖前身旧厂址（今南开区南开三纬路）

铁牛记忆
天津拖拉机制造厂影音辑略

约1937年天拖前身旧厂址（今南开区南开三纬路）

1938年天拖前身由日本丰田自动车工业株式会社接管，以装配丰田牌卡车为主要任务

◎ 历史篇

左前厂房为铸造车间（1938年）

新中国成立前的产品之一——军用帐篷车

1938年旧厂厂院中（今南开区南开三纬路）存放的丰田牌卡车

新中国成立前旧厂址（今南开区南开三纬路）破烂不堪

◎ 历史篇

新中国成立前旧厂址（今南开区南开三纬路）破烂不堪

1946年旧天拖厂改属交通部公路总局平津区汽车修配总厂，改名为天津汽车制配厂

1946年旧天拖厂改为天津汽车制配厂后的工作场景

◎ 历史篇

037

二、新中国成立后
以下为天津拖拉机制造厂原厂址（今南开区南开三纬路 91 号）

老厂铸工车间加建办公楼

老厂边生产边建设

◎ 历史篇

老厂铸工车间冲天炉安装

老厂边生产边建设

天拖原职工第四宿舍

老厂现天机南丰路宿舍的庭院式楼房

老厂现天机南丰路宿舍的庭院式楼房

新中国成立初期,天拖就把为职工解决住房问题、改善职工居住条件作为为职工办实事办好事的大事来抓。20世纪50年代初,天拖老厂在新兴路修建了第一职工宿舍,这是当时盖的五排十幢小楼房的一角

做好职工的保健工作,这是医务人员在发药

普通工人住进小洋楼,当家做主,喜上眉梢

做好托幼工作,解决职工后顾之忧

1956年1月1日天津拖拉机制造厂正式成立。图为挂牌现场（今南开区南开三纬路91号）

1956年1月1日天津拖拉机制造厂正式成立。图为全体员工大会

1956年天拖建立工人技术学校（现南丰路44号）

1966年建厂的原天津市东方红拖拉机厂，建厂十年来生产出不少的东方红20马力（14.7千瓦）拖拉机，为农业机械化作出一定贡献。1980年在工业调整中合并到天拖。这是原小拖厂在发运20马力拖拉机

厂第七届党委委员会合影。前排左一王茂海（原天津拖拉机制造厂主管人事副厂长），左二唐本耀厂长，左三郭文瑞党委书记，左四刘刚生产计划副厂长，后排左一姚广信组织部长，左二左金荣团委书记，左三张赶伏副厂长，左四赵广堂党办主任，左五王卫国厂长助理，左六白化峰宣传部长

◎ 历史篇

1991年6月12日至14日天津拖拉机厂召开第十一届党代会。图为全体党委委员合影，左起：任志静、左金荣、张赶伙、郭文瑞、陈维祥、张雨岩、张根祥、卢纪兴、张玉良、宋殿华、刘作宾

1992年10月28日厂长陈维祥（居中）参加廊坊市开发区第二期工程开工剪彩奠基仪式。图为陈厂长参加天拖廊坊高科技公司的奠基仪式

天拖公司首届党代会于1998年8月28日至31日在集团公司职大隆重举行，集团公司领导钟建华、刘胜利等出席党代会

首届二次职代会杜允中总经理作行政工作报告

◎ 历史篇

天拖产品展示

曾经的天津拖拉机制造厂大门

天津拖拉机制造有限公司成立。图为1996年12月28日的揭幕仪式，总公司张应吉、董仪隆参加了揭幕仪式

1997年7月10日欢送副总经理宋殿华

成就篇

  1949年1月15日，天津解放。天津拖拉机厂回到人民怀抱。在党和国家领导人的关怀、省部各级领导的关心下，天津拖拉机厂快速走上社会主义现代化建设的道路。1951年4月1日，研制成功国产第一部四缸引擎15马力（11千瓦）汽油发动机（5141型），在当时的国产内燃机领域独树一帜。1951年9月17日，试制成功国产第一辆吉普车。随后，制造出国产第一辆旅行轿车。第一个五年计划期间生产出37马力（27.2千瓦）拖拉机，并实现年产2500台的成果。1958年4月10日，第一批国产中马力轮式拖拉机在天拖下线，定名为铁牛牌。从此铁牛系列拖拉机开始享誉全国，先后获得国家农业机械部优质产品、国家经济委员会优秀新产品、国家机械电子工业部优质产品、国家计划委员会技术进步成就展览会荣誉奖等国家级荣誉，同时多次被天津市政府评为优质产品。1998年铁牛系列拖拉机被天津市人民政府评为天津市知名品牌。2020年天津拖拉机制造有限公司被天津市评为"津门老字号"企业。

1949年天津解放为天拖带来了新生。1950年天拖生产了15马力（11千瓦）铁道摩托车

1950年10月1日国庆号铁路摩托车制成纪念。后排左起：郑德福、付洪宾、刘寞元、李玉盛书记、卜登相工会主席、张家荣，右一为祁恩华，前中为杜绍苍生产科长

◎ 成就篇

新的生产关系的建立，使天拖工人的聪明才智得到了极大的发挥。这是1951年天拖利用自制的5142型汽油机制造出的旅行轿车。当时，朱德同志曾乘去北京报喜的轿车一游，表示了赞赏。这是我国第一辆自产汽车

1951年天拖利用自制的5142型汽油机制造出的吉普车

053

1951年天拖制造出我国第一辆汽车，这是去天津市委报喜路过西南角时的盛况

1951年天拖改造的老式皮带车床

天拖生产的为搅拌机配套的汽油机

20世纪50年代天拖生产汽油机用的各种水箱之一

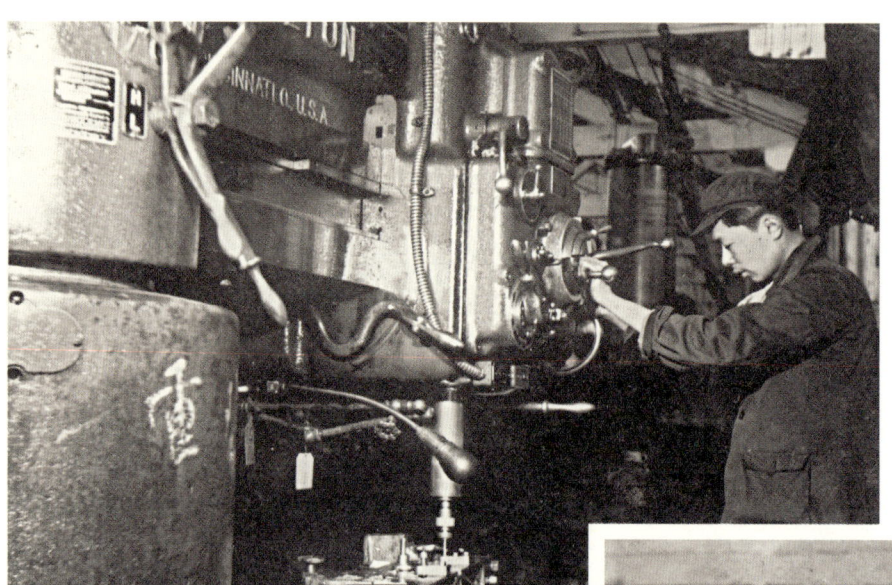

1951年天拖制成5141型四缸15马力（11千瓦）汽油发动机，并开始以汽油机为主要产品。这是1953年生产的26型汽油机。图为正在加工汽油机的汽缸体

26型汽油机正在入库，前为董少奎，后为赵铁军

◎ 成就篇

一批以煤汽机为动力的排灌机正准备发往农村

工人李学海正在郑州农村推广煤汽机

1960年以前老厂生产的煤汽发生炉，加在汽油机上成为煤气机

天拖生产的煤气发生炉，装在汽油机上成为煤气机

◎ 成就篇

1957年，为缓解国内汽油短缺的状况，适应农业需要，天拖生产出各种型号的煤气机。图为天拖煤气机在郑州的服务站

以天拖生产的26煤气机做动力的排灌机

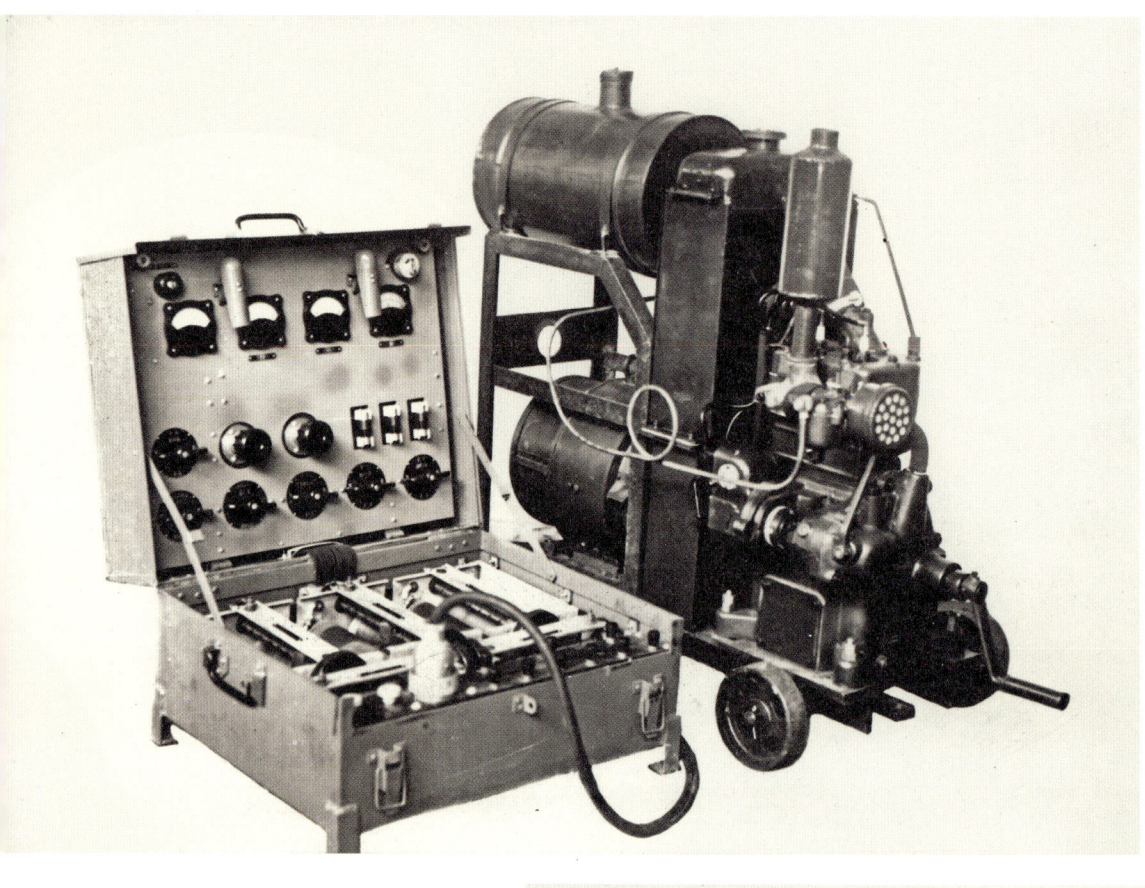

天拖20世纪50年代初期研制的26发电机组，为军用发电、工业建设和农田水利提供了动力机械

老厂生产的汽车活塞

◎ 成就篇

天拖20世纪50年代初期研制的26发电机组。图为AA65型汽油发动机

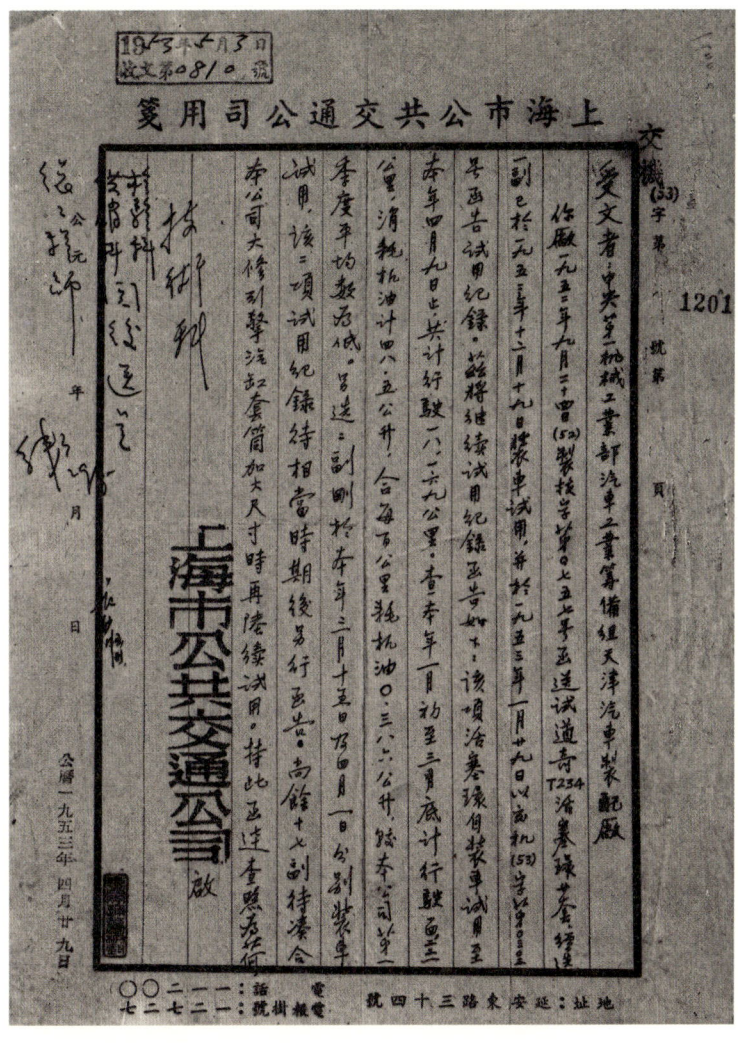

天拖前身天津汽车制配厂1946年以后以制造汽车配件和客车车身为主要任务。图为1953年上海市公交公司选用天拖生产的活塞环的情况通报

1954年生产的150型汽油发电机组，它不仅供给当时无电地区的照明和电力，更适于电影放映

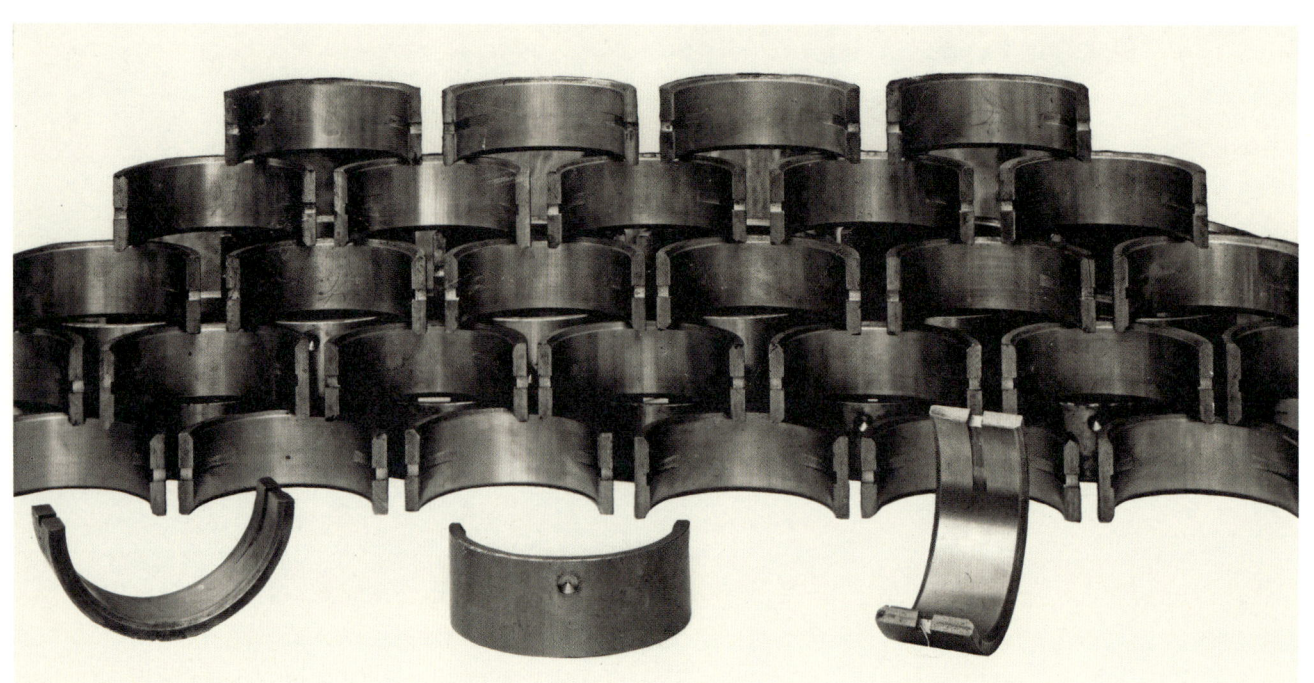

老厂生产的连杆瓦片

◎ 成就篇

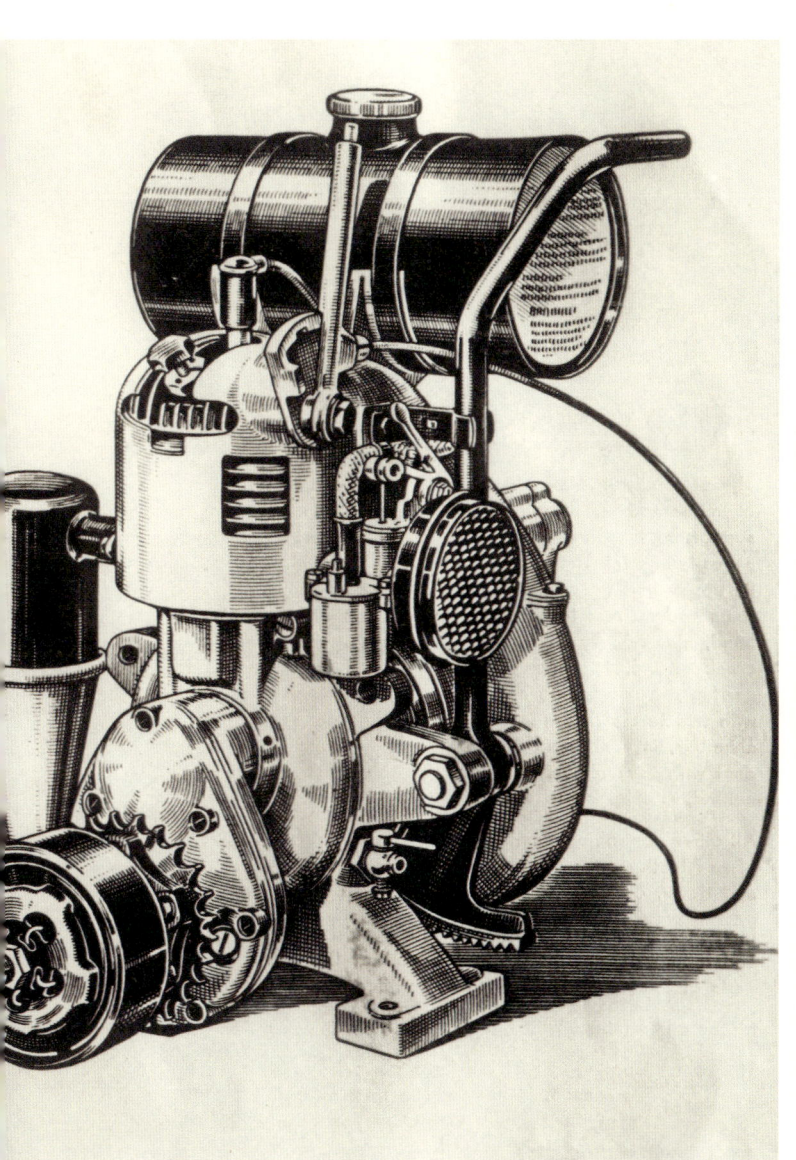

1954年天拖生产的150汽油机

1955年天拖汽油机配套的洋灰搅拌机

1958年,为早日制造出我国自己的拖拉机,工人们在紧张地劳动

认真工作的工人,左起:蒋振明、赵庆昆、陈树功、宁福祥

◎ 成就篇

1954年11月天拖确定了制造拖拉机的产品方向，1956年1月1日正式改名为天津拖拉机制造厂，并于1958年4月10日制成我国第一批国产轮式中马力拖拉机，为我国农机工业的初创作出了贡献。图为当时生产的铁牛40型拖拉机

铁牛40型拖拉机在耕作

40 型拖拉机

1958年4月10日16时50分天拖第一批中马力轮式拖拉机研制成功,原底盘车间主任周承瑄驾驶第一台拖拉机向职工报捷

第一台中马力轮式拖拉机就要诞生了,工人们急切地等待着这一刻

1958年天拖试制出带煤气发生炉的铁牛40马力（340型）拖拉机，后没有正式生产，这是样机

◎ 成就篇

我国生产的第一批中马力轮式拖拉机是根据1954年引进的这台苏联MT3-1型拖拉机仿制的

20世纪50年代中期天拖生产煤气机。图为在农村的使用情况

◎ 成就篇

1959年天拖试制的和平牌小汽车样机试用效果较好，经常奔驰在京津公路上。这一机型虽未成批生产，但为我国自制中级小轿车提供了方向

071

众多和平牌小汽车样机

◎ 成就篇

苏联吉姆车，天拖和平牌小轿车底盘就是仿制它制造的

天拖生产的各种型号的拖拉机及其样品

铁牛 120 拖拉机

农用挂车

55C 拖拉机变型

铁牛 55C 及铁牛 120

铁牛 55 装载机

铁牛 55C 拖拉机

◎ 成就篇

拖拉机 55ED

1995年9月6日产品设计处梁桂支、周学虎、张立栓参与设计的"60—70L"系拖拉机参加了天津市第四届青年科技成果博览会

天拖系列产品展示

天拖产品展示

◎ 成就篇

玉米收获机

60/65 型拖拉机

天拖产品展示

◎ 成就篇

微型汽车

农用汽车

654型拖拉机

天拖产品展示

◎ 成就篇

微型卡车

天拖系列产品展示

玉米收获机

天拖产品展示

◎ 成就篇

天拖总装线上的产品展示

1980年农业机械部优质产品证书

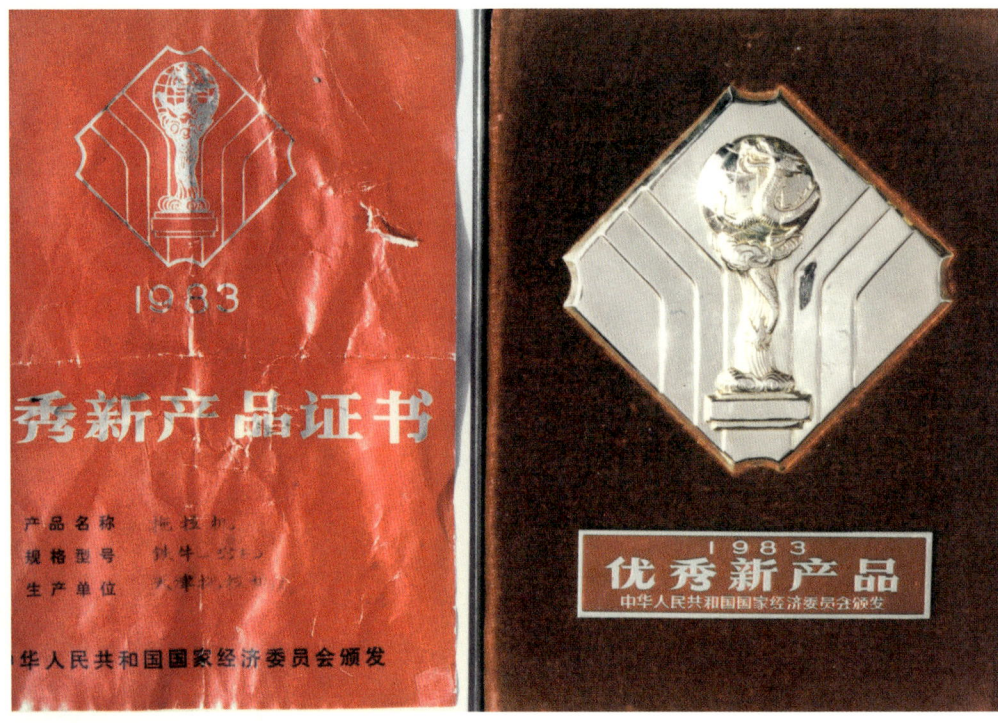

1983年国家经济委员会优秀新产品证书

◎ 成就篇

1985年机械电子工业部噪音单项优胜单位

1988年度机械电子工业部优质产品奖状

1989年机械电子工业部优秀质量管理小组证书

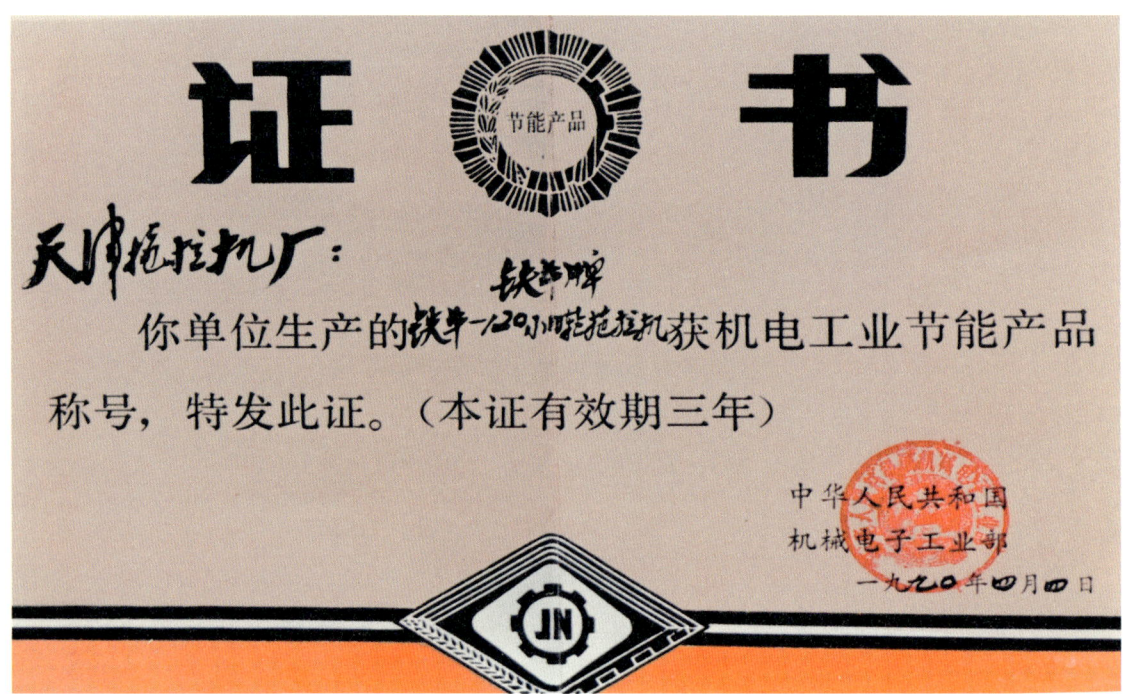

1990年机械电子工业部机电工业节能产品证书

◎ 成就篇

1991年国家计划委员会荣誉奖

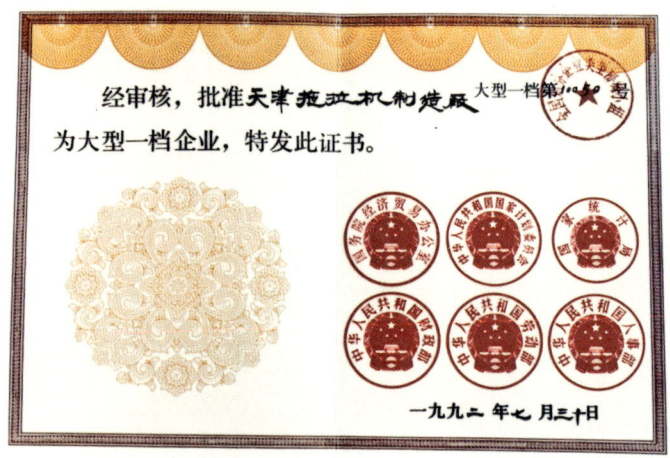

1992年国家大型一档企业证书

1992年印度尼西亚"中国科技成果及实用技术展览会"银奖

1997年中国国际农业机械展览会中国农机知名品牌

◎ 成就篇

1980年天津市优质产品称号

1985年天津市优质产品称号

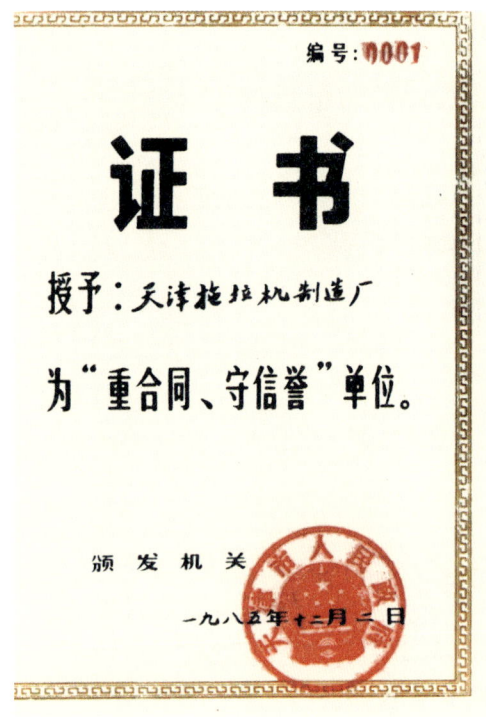
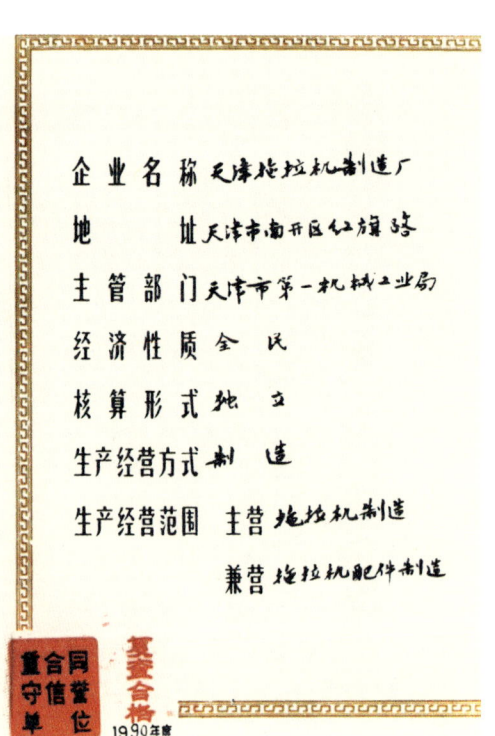

1985年天津市"重合同、守信誉"单位证书

1987年天津市优质产品称号

1987年天津市市级先进单位证书

1989年天津市降耗先进企业奖状

1990年天津市优质产品称号

1991年天津市优质产品称号

◎ 成就篇

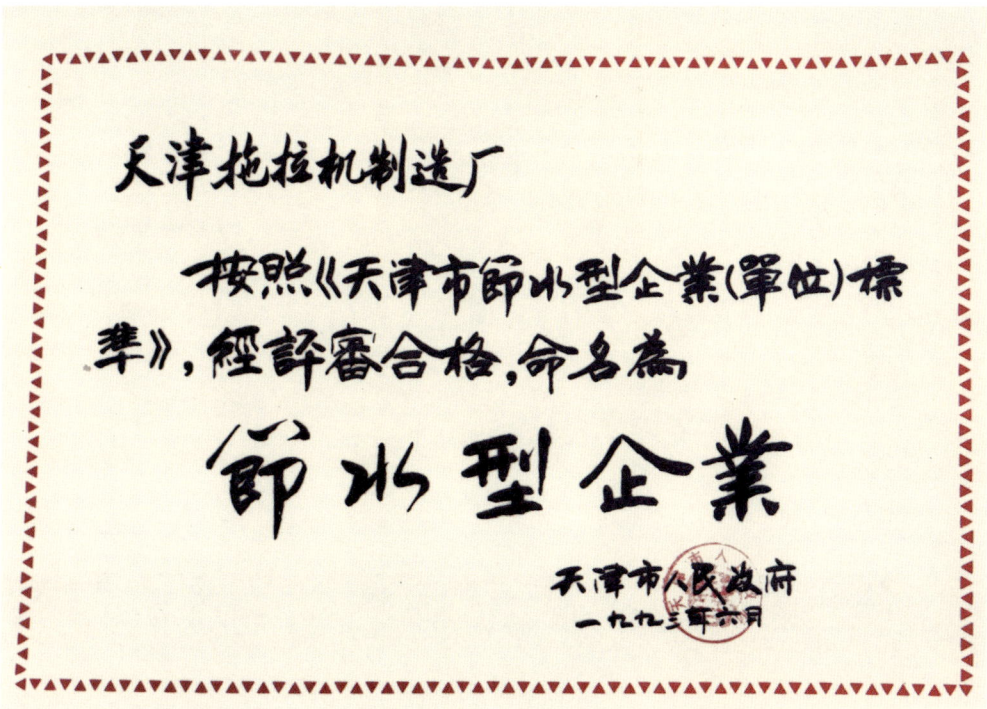

1993年天津市节水型企业证书

1993—1994年度天津市节能降耗先进企业称号

证书

天津拖拉机制造有限公司

被天津市人民政府命名为1996—1997年度“重合同、守信誉”单位。

天津市人民政府
一九九八年一月

天津名牌产品证书

天津拖拉机制造有限公司：

经天津市人民政府同意，你单位生产的铁牛牌TN654L拖拉机产品授予“天津市名牌产品”称号。

天津市实施名牌拳头产品战略领导小组
一九九八年七月 日

（有效期1998年7月 日至2001年7月 日）

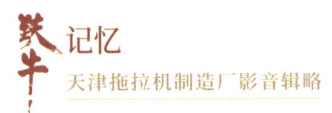

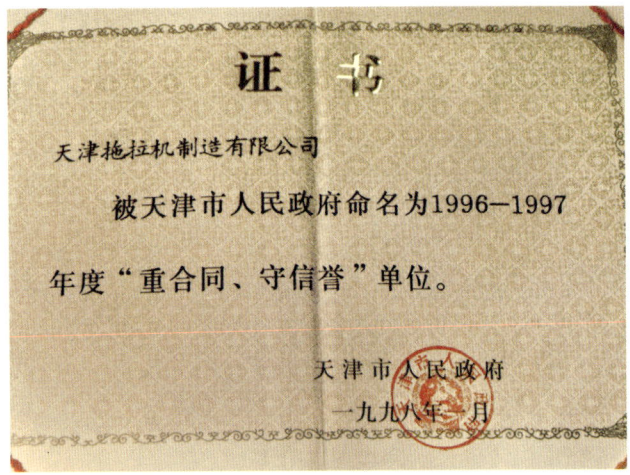

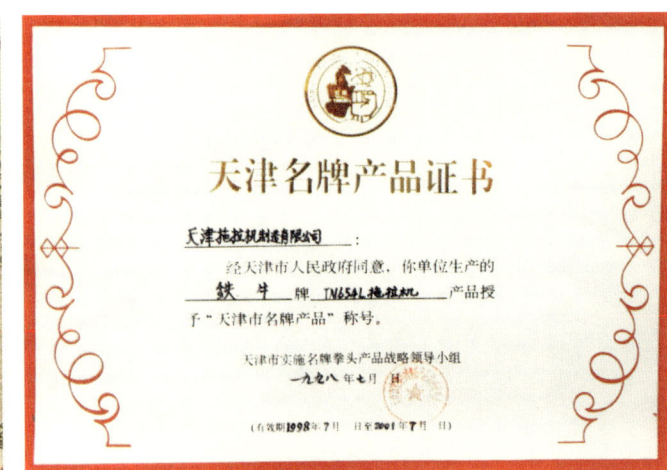

天津市1996—1997年度“重合同、守信誉”单位证书　1998年天津名牌产品证书

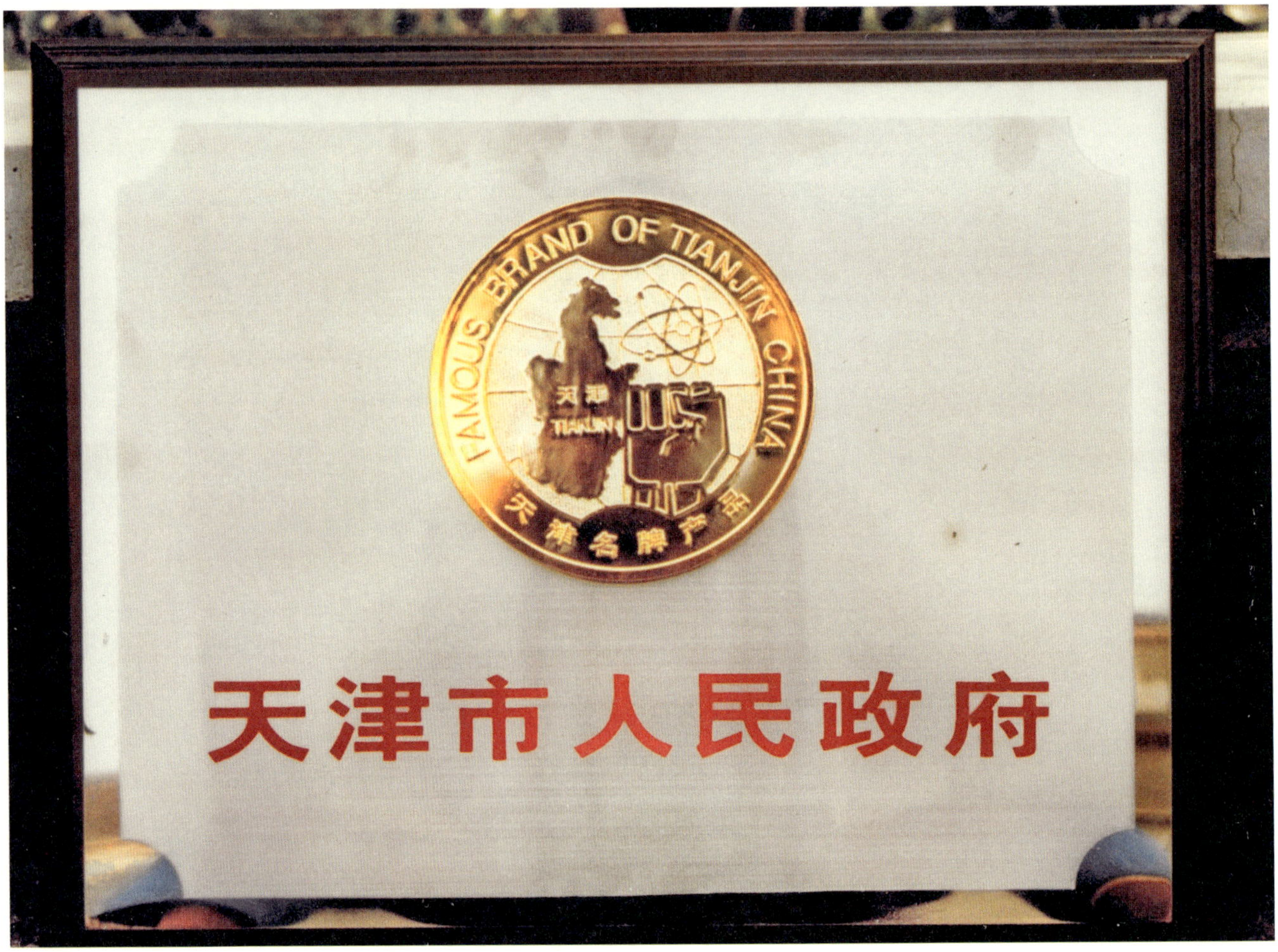

天津市人民政府颁发的“天津名牌产品”

职工篇

新中国成立后，工人当家做主，全厂职工脸上都洋溢着幸福的笑容。在我国第一个五年计划期间，全厂职工以主人翁精神积极投身社会主义建设事业。全厂无论是领导、工人还是工程技术人员，处处可见"三结合"，共同攻克了一个个难关。1958年新中国第一台拖拉机胜利下线，被广大农民称赞为"铁牛"。"铁牛"成为天津拖拉机厂的品牌，铁牛精神也成为激励天拖人一代代赓续奋斗的精神寄托，涌现出了何绍庆、张太川等一大批劳动模范。全厂每一个人都代表了天拖人的精神，体现着天拖的精神风貌。

报喜大队在天津市人民委员会门前

瞧！我国最早的拖拉机工人多自豪

◎ 职工篇

工具机修车间加工部件（一）

工具机修车间加工部件（二）

工具机修车间加工部件（三）

工具机修车间加工部件（四）

◎ 职工篇

工具机修车间加工部件（五）

工具机修车间加工部件（六）

101

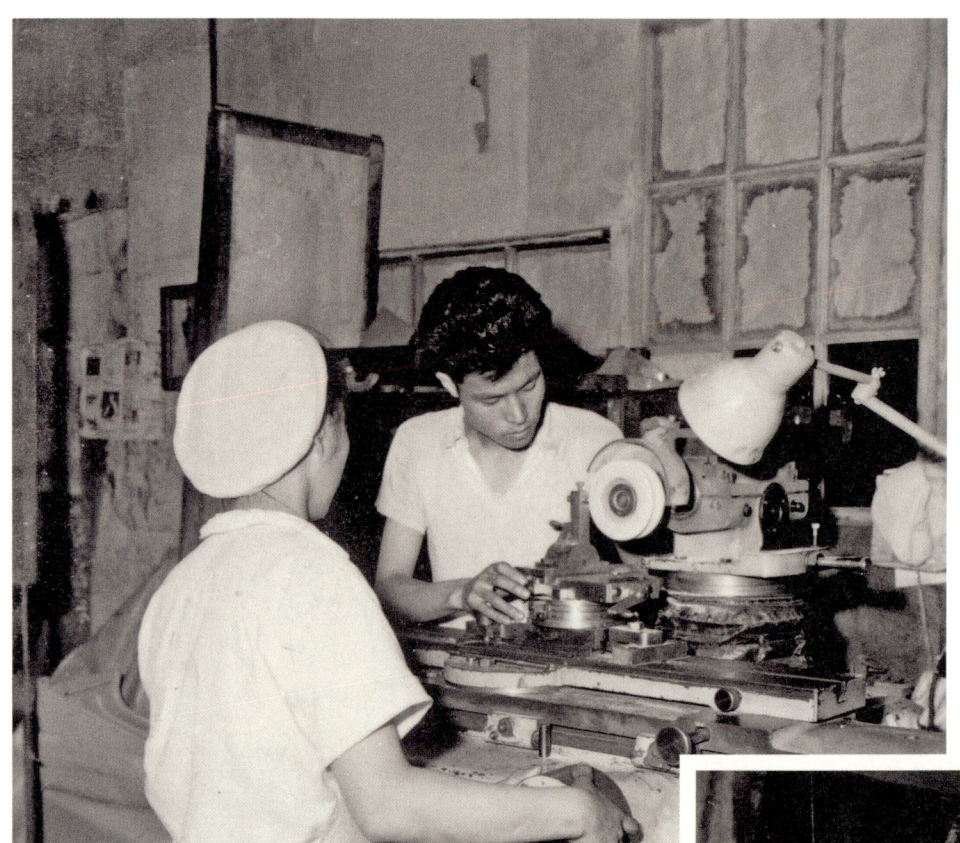

工具机修车间加工部件（七）

李嘉廉在加工26型汽油机部件

◎ 职工篇

加工汽油机产品(一)

加工汽油机产品(二)

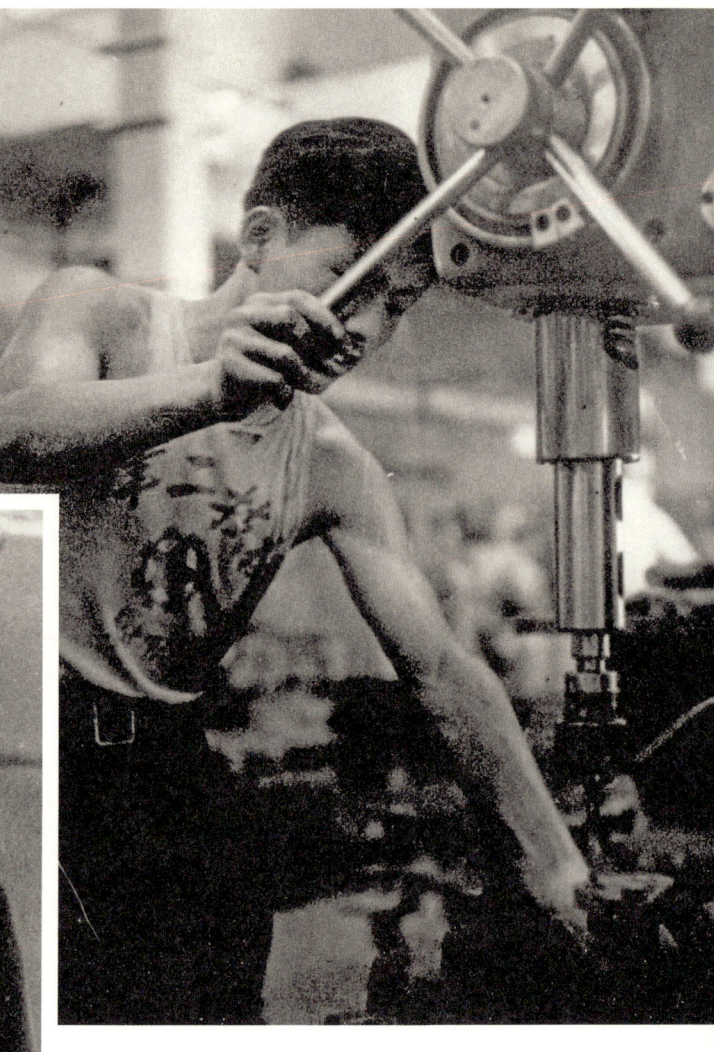

◎ 职工篇

渗碳炉加工拖拉机大齿圈产品

105

生产连杆压铜套工序

加工汽油机底盘工序

◎ 职工篇

铸工车间热处理工序

铸工车间造型工序

铸工车间铸造清理工序

◎ 职工篇

老厂发动机车间生产柴油机缸体

调整机床

◎ 职工篇

加工发动机曲轴磨工序

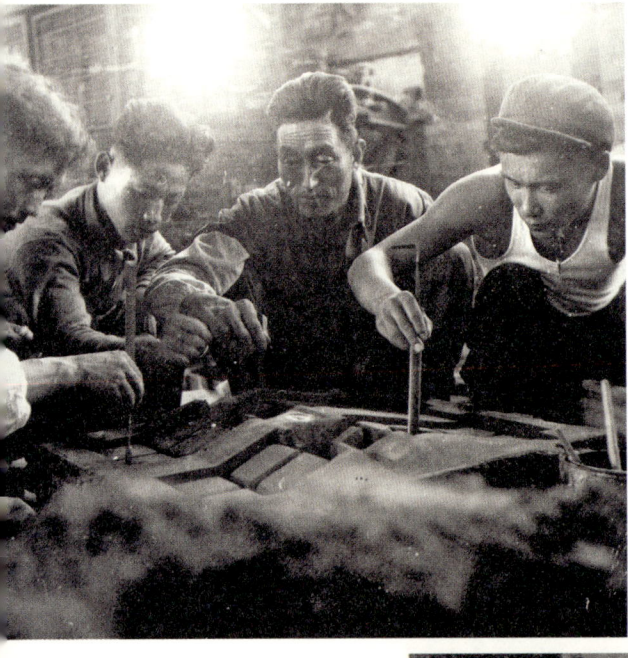

20世纪50年代初期的日制车床，生产拖拉机时已淘汰

◎ 职工篇

检验测量拖拉机部件大齿圈

加工 26 型汽油机连杆部件

◎ 职工篇

组装部件

◎ 职工篇

◎ 职工篇

维修工具

调整设备

◎ 职工篇

检验拖拉机

群策群力研究柴油发动机

20世纪50年代程棣培在水箱工段

20世纪50年代中期天拖厂生产煤气机。刘志菊17岁,人称煤气机大王,一人看两台机器,每天每台抗旱浇地1公顷

刘志菊在操作煤气机

刘志菊带的小徒弟也能独自掌握煤气机

◎ 职工篇

工人杨启迪研制出热轨齿轮机床,正在加工齿轮

天拖的职工在读报学习

1957年天津市劳动模范何绍庆和他研制的碎煤机

◎ 职工篇

拖拉机装配工段工人合影

1953年干部技术人员和工人一起进行技术攻关。右一为付洪宾主任，右三为魏龙昌工程师，左一是设计科科长翟象颐

◎ 职工篇

设计处在研究工作

李玉盛厂长向当时受聘的十位工人工程师之一的王玉林授任命通知书

20世纪50年代工人技术人员在研制军工机械产品

1958年天拖厂受聘工人工程师会场，右一为工人工程师李鹤林

受聘的十位工人工程师任命通知书

1995年8月厂团委承担总装"迪尔电板子"改造工程。图为李红书记（左）与志愿者商谈实施方案

1995年8月青年志愿者苑永刚（左）、郭金萍（中）、陈健（右）正在紧张施工

1995年8月青年志愿者金炜（左）、符春合（右）、姚政（中）正在焊接装配线

1996年9月25日汽车总装分厂团支部举办青工岗位技术比武活动。图为团支部书记王万波（左四）在测时间

◎ 职工篇

1997年6月10日金四分厂团支部组织团员青年利用工余时间制作零件转序小车，解决分厂的燃眉之急

《检验三姐妹》——1997年9月"扭亏中的年轻人"摄影比赛一等奖

《责任心》——1997年9月"扭亏中的年轻人"摄影比赛三等奖

1997年9月28日天拖公司三名选手参加集团公司举办的汽车装调工技术比武，其中王军（右二）以72分的总成绩获得第五名

1997年10月30日冲压团支部利用业余时间组织团员青年开展拖拉机前轮清渣义务劳动

1998年5月15日公司团委召开庆"五四"一星级青年岗位能手表彰会。图为部分能手上台领取证书

记忆
天津拖拉机制造厂影音辑略

1999年9月9日热处理团支部举办青年岗位擂台赛

全国劳动模范张太川

厂庆篇

　　1956年1月1日，天津汽车制配厂正式更名为天津拖拉机制造厂。1985年12月29日，天津拖拉机厂在天津市干部俱乐部举行了盛大的建厂三十周年纪念活动。国家部委领导、天津市各级领导、已退休的厂领导以及天津各界名流都参加了纪念大会。与会同志参观了当时天拖的厂区、产品实验室、各个车间及建厂三十年发展史展览，共同回顾了天拖三十年的奋斗历程，对这三十年所取得的成就表示祝贺，并对天拖未来的发展献计献策，寄以厚望。

1985年12月29日天拖厂召开庆祝建厂三十周年大会。图为设在天津市干部俱乐部的大会会场

唐本耀厂长主持大会

◎ 厂庆篇

原农业机械部副部长张逢时在大会上讲话

大会开始时奏国歌，左起为景晓村、李中垣、徐斌洲、聂璧初、李守仁、张逢时、王嘉祥

天津市副市长聂璧初代表市委、市政府对天拖厂厂庆表示热烈祝贺

天津市副市长聂璧初在大会上讲话

◎厂庆篇

天拖老厂长王刚即席讲话

天津市顾问委员会主任张淮三到会祝贺

徐斌洲在签到

张逢时在题词

◎厂庆篇

徐斌洲在题词

一机部副部长李守仁为天拖厂庆题词，右为厂长唐本耀，左为王茂海

145

景晓村为天拖厂庆题词

张淮三为天拖题词

◎ 厂庆篇

天津市副市长聂璧初为天拖厂庆三十周年题词，右为市政府副秘书长李盛霖

天津驻军六十六军副军长王嘉祥为天拖厂庆三十周年题词

天拖厂原厂党委书记刘寄久在题词

老厂长钱端有为厂庆三十周年题词

◎厂庆篇

原天拖党委书记李超在题词

著名京韵大鼓演员骆玉笙为天拖厂庆题词

机械部领导参观天拖建厂三十年发展史展览。左起：白化峰、范敏、张逢时、鲁钟明、徐斌洲

机械部领导和天拖老领导在参观天拖厂庆三十周年展览

机械部领导和天拖厂老领导参观精铸车间，前排左起为冯培昌、徐斌洲、精铸车间主任纪玉发、张逢时、刘玉贤

在产品实验室参观，左起为景晓村、徐斌洲、郭文瑞

机械部领导和天拖老领导参观总装车间

机械部领导和天拖老领导参观厂区

◎ 厂庆篇

机械部领导和天拖老领导参观车间

机械部领导和天拖老领导参观金工车间

153

机械部领导和天拖老领导参观产品实验室

机械部领导和天拖老领导参观新铸铁车间

机械部领导和天拖老领导参观样机，前排居中为张逢时，左四为唐本耀，左五为郭文瑞

时任厂长唐本耀（前排右）、党委书记郭文瑞（左）陪同原农业机械部副部长张逢时（中）参观冲压车间

唐少波与天拖职工握手

原厂党委书记冯培昌（左四）与厂党委副书记王卫国（左一）亲切握手，厂工会主席马金泉（左二）陪同

◎ 厂庆篇

厂庆三十周年邀请原厂领导参加厂庆会时相会。图为原党委书记刘寄久（左二）与原团委书记张伯瑞（左三）会面握手

部分领导合影，左起为：吴奎良、鹿中民、顾祝、李守仁、冯培昌、王嘉祥、景晓村、徐斌洲、张逢时、聂璧初、李中垣、唐本耀

机械部领导、厂老领导与天拖时任厂领导合影

天拖老领导、时任领导与机械部领导合影

文化篇

从建厂以来,天拖一直十分注重文化活动的开展。20世纪五六十年代工会俱乐部组织的业余文化团队有评剧团、京剧团、曲艺团、话剧团、歌舞艺术团,后来职工们还创办了河北梆子剧团,爱好文学的职工还组建了"铁牛文学社",作品曾在市级报纸和杂志刊物上发表。工厂每周都有业余电影放映队放映电影,还举办舞会、歌咏大会和开展室内乒乓球等文体活动。每年节假日都有本厂业余文艺团队演出并邀请专业剧团莅厂演出。进入20世纪90年代,文化活动也随之进入新的发展时期,各种文化活动更加丰富多彩。演讲、绘画、书法、卡拉OK等各种比赛充实着职工的业余生活。

1995年3月5日厂团委在厂前区开展学雷锋志愿者奉献日活动

1995年5月2日天拖志愿者啦啦队在天津体育馆观看第43届世乒赛

1995年5月12日天拖志愿者冯文峰在指挥交通

1995年9月26日吉林工业大学建校四十周年捐赠纪念

1995年12月建工处团员戴学君参加公司团委举办的《祖国在我心中》演讲复赛获三等奖

1996年1月9日党委副书记张赶伙向青年志愿者小组授旗

1995年12月能动处胡明创作的碳笔画参加公司
团委举办的书法绘画比赛获一等奖

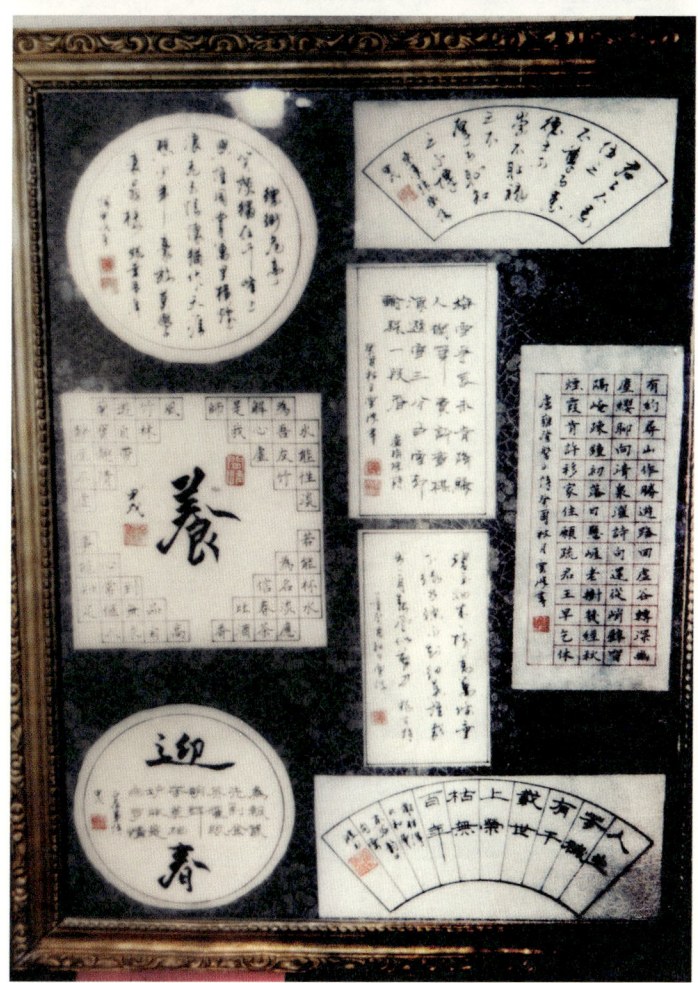

1995年12月工艺处陶云波的参展作品获公司团
委举办的书法绘画比赛二等奖

铁牛记忆
天津拖拉机制造厂影音辑略

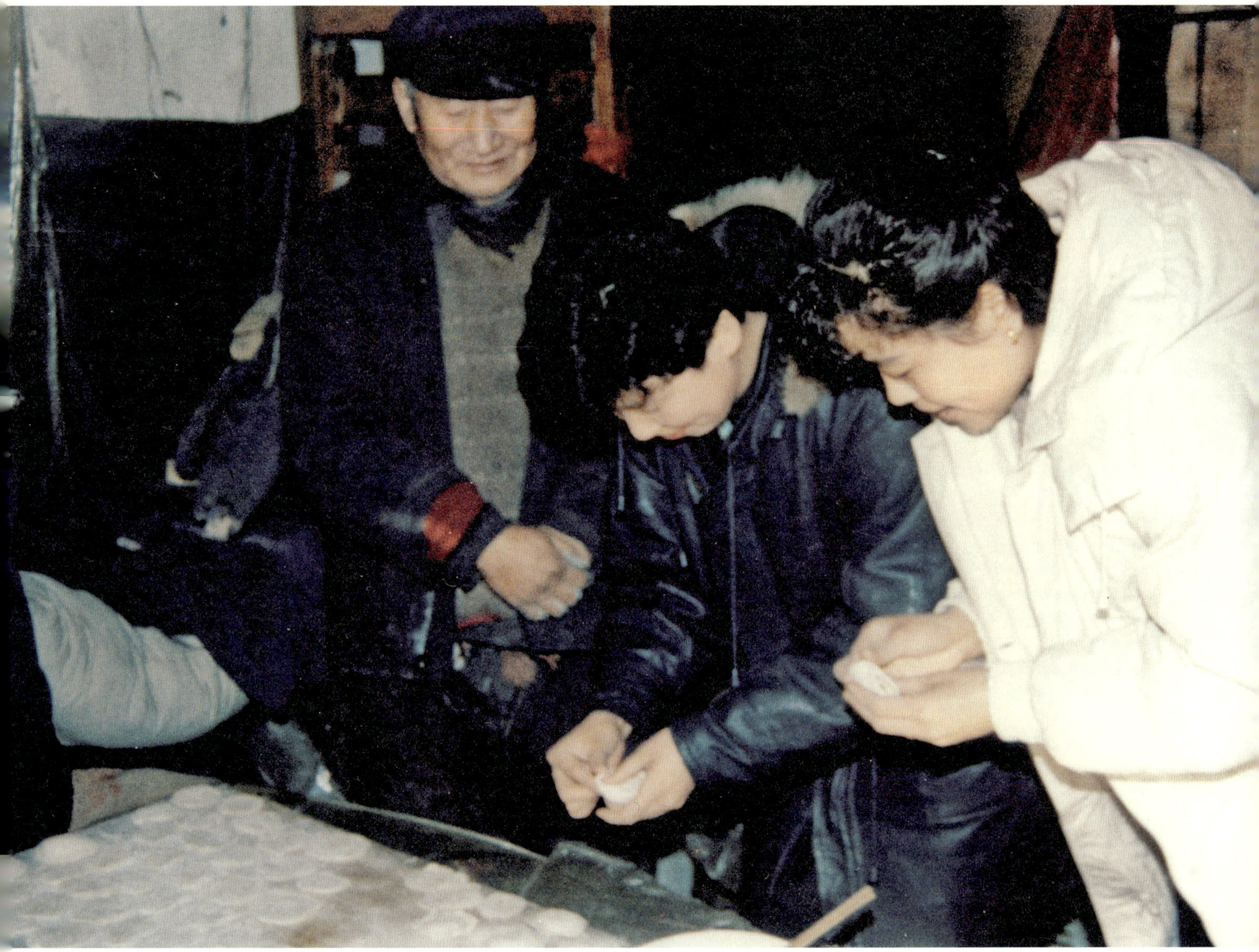

1996年1月21日团委书记李红（中）、行政处团书记苑东红（右）到孤老户家慰问

1996年5月8日厂团与澄江路街联合开展"助残日"活动。图为能动处团书记郭金萍在配钥匙

1996年6月28日精铸造团支部开展义务奉献活动，共在废品库挑选钢铁3吨多，进行回收，为降低成本作出贡献

1997年1月21日公司团委带领50多名团干部与安技处人员一起在冲压分厂北道清理路面冰雪

◎ 文化篇

1997年3月17日公司团委与武保部率青年志愿者前往周邓纪念馆施工工地，义务为参建人员修车、理发、量血压等

1997年4月20日公司团委举办迎"五四"庆回归青年辩论赛，评判代表周胜昔在分析赛情

1997年5月5日团委举办迎回归青年辩论赛决赛，第二片组代表队正在辩论

◎ 文化篇

1997年6月10日在迎回归青年卡拉OK比赛中，天拖公司选手刘全斌（后排右四）获一等奖，刘萍（二排右五）、李玉强（后排左一）分获二、三等奖

1997年6月30日精铸团支部组织团员青年利用业余时间开展防汛义务劳动

记忆
天津拖拉机制造厂影音辑略

1997年6月30日七一前夕，天拖公司团员丁玉现治印102方，拼印出"1997回归"的组字，表现出天拖人期盼香港回归的一片深情

◎ 文化篇

1997年9月11日为迎接党的十五大胜利召开，公司团委与党委宣传部共同举办了迎接党的十五大宣传图片展览

1997年9月11日团委组织青年志愿者50余人，在公司前区清除拾捡白色垃圾及杂物，以实际行动迎接党的十五大的召开

1998年1月21日公司团委在汽研所举办新春联谊会。图为团干部参加吹气球比赛

1998年3月31日公司团委举办忧患信心责任演讲比赛。图为华夏学校王桂清在演讲

◎ 文化篇

1998年5月21日金二分厂团总支开展以"学习王涛振兴天拖"为主题的学习座谈活动

1998年6月5日公司团委组织入团积极分子参观周邓纪念馆。图为馆内讲解员在为入团积极分子耐心讲解

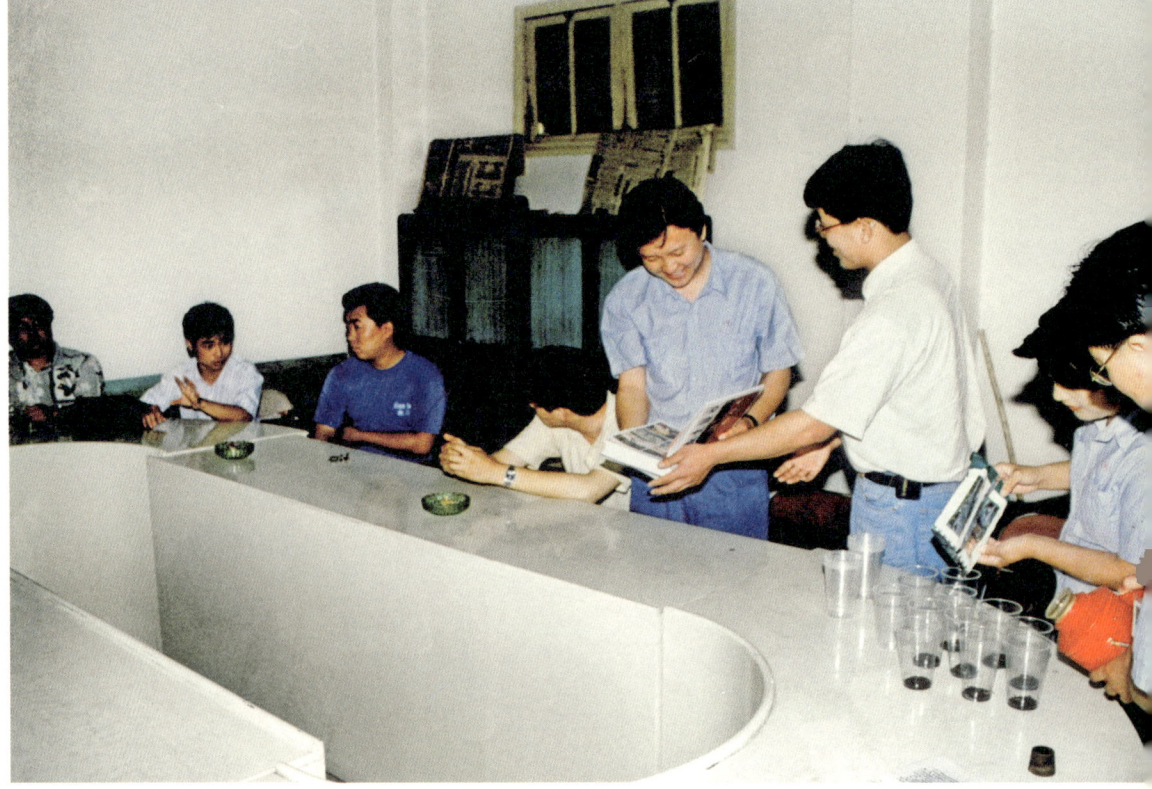

1998年6月10日北内柴油机厂团委一行10余人到天拖公司交流工作。图为柴油机厂团委书记徐子敬向天拖团委书记赠《北内志》一书

◎ 文化篇

1998年6月15日团委举办青年辩论赛。图为正方第二辩手雷言川发言

1998年11月12日美国迪尔公司吉姆先生在天拖青年英语竞赛赛后致词

1999年1月29日公司团委组织团干部近40人到北内柴油机厂参观并进行工作交流。图为王建兵书记（左）与北内柴油机厂团委书记徐子敬（右）互赠纪念品

◎ 文化篇

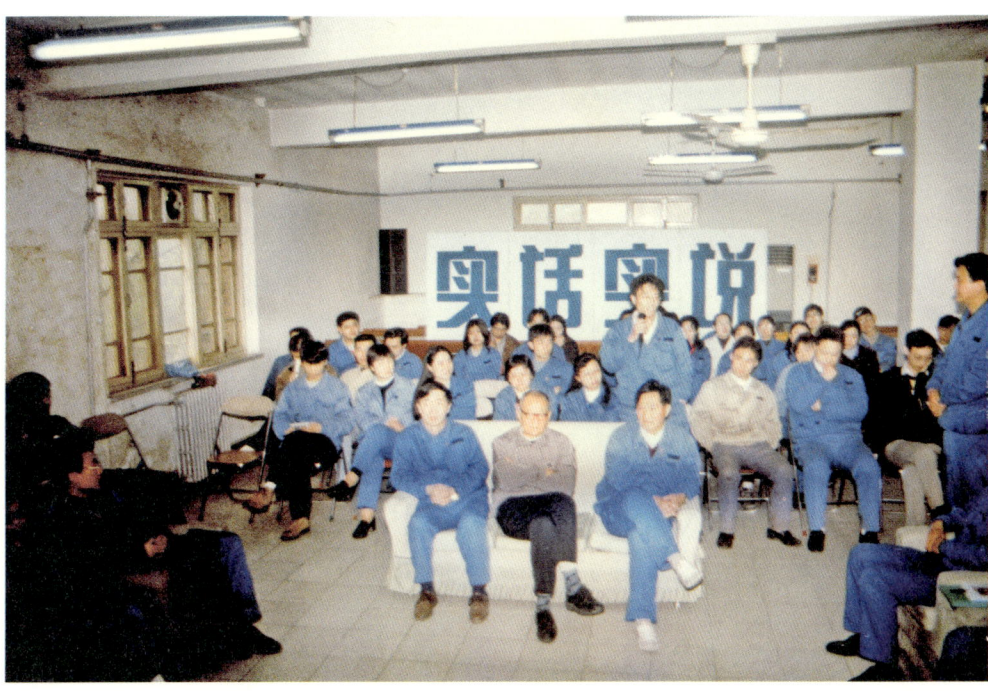

1999年4月11日公司团委在333会议室举办以"青年人才怎样才能在企业中发挥作用"为题目的实话实说活动,拉开了公司首届青年艺术节的序幕

1999年4月21日公司团委在职工活动中心举办公司首届青年艺术节。图为系列活动之二——乒乓球比赛

1999年5月5日公司首届青年艺术节系列活动之四——青年卡拉OK比赛。图为金四分厂张卉在演唱《在水一方》

1999年5月8日公司首届青年艺术节系列活动之五——青年射击比赛。图为武保部副部长于景波（右一）在为获奖者颁奖

◎ 文化篇

1999年5月10日公司团委召开"愤怒声讨北约暴行"座谈会

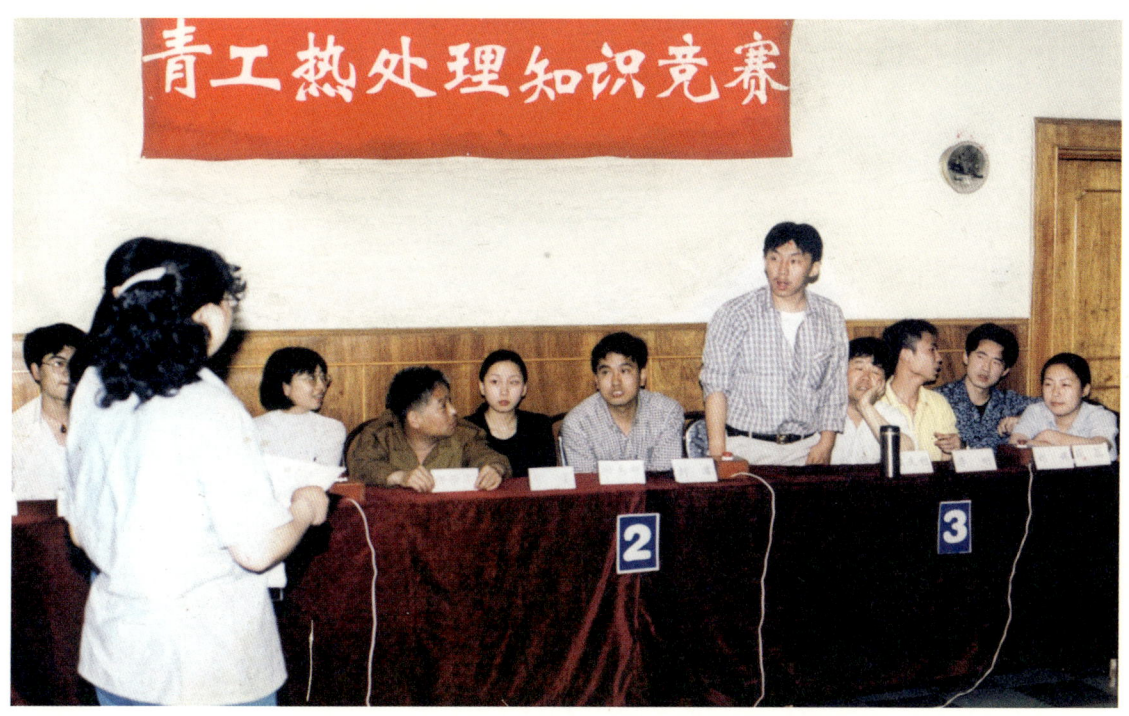

1999年5月27日热处理团支部举办青工热处理知识竞赛

1999年6月24日在公司团委的协助下，滨江团委组织"青年文明号为您服务"活动

1999年8月30日团支部召开"节能降耗，降低工具费用"劳动竞赛动员大会。图为党支部书记陈广源在作动员讲话

◎ 文化篇

1999年12月31日青年职工同有关领导共听新年钟声,为新千年欢呼

1999年12月31日,付雅丽、沈子新、陈颖梅、赵显锋(从左至右)在表演配乐诗朗诵

2001年1月，天拖为内蒙古自治区灾区送40台"铁牛"，内蒙古自治区方面负责人为天拖送来锦旗

交流篇

　　新中国成立以后，我们国家的基本国情是一穷二白，工业相当落后。毛主席提出要学习苏联三十多年建设社会主义的宝贵经验。天拖也是通过学习苏联模式逐步发展起来的。天拖于1956年引进苏联明斯克轮式拖拉机产品技术，当时有大批苏联专家到天拖进行技术指导。两年后，新中国第一台40马力（29.4千瓦）轮式拖拉机胜利下线，奠定了我国轮式拖拉机的发展基础。此后，朝鲜、乌干达、巴西、日本、匈牙利、美国等十几个国家纷纷派代表到天拖进行参观访问。20世纪90年代初期，为了改进技术、提高效益，天拖与美国迪尔公司进行了合作。最后因为发展思路不同，合作终止。

20世纪50年代厂领导与来厂实习参观的朝鲜千里马拖拉机厂的同志合影。左一唐少波副厂长，左三刘树英厂长，左四孙一明书记，右二李玉盛书记，后左一朱清淮总工程师，后左二马世珍副厂长

◎ 交流篇

1956年厂领导就拖拉机的一些问题请教苏联专家。右一为副厂长汶漪，左一为魏龙昌工程师，左二为高勇工艺组组长

1958年厂领导与来厂的印度尼西亚代表团合影。驾驶座中间为厂长刘树英，前右一为劳资处负责人周有民

1982年泰国亚洲化工机械有限公司举办中国农机展览。图为铁牛55拖拉机参展

◎ 交流篇

1987年8月26日玻利维亚西部农场主来天拖参观

1988年乌干达农业部代表团到天拖访问。图为唐本耀厂长（中）与代表团亲切交谈

记忆
天津拖拉机制造厂影音辑略

1988年乌干达农业部代表团到天拖访问

乌干达农业部代表团与天拖相关领导合影

◎ 交流篇

1989年5月鲍勃塔和迪科雷契在天拖产品所座谈

1989年5月迪尔专家迪科雷契、鲍勃塔在进行传动系统装配服务

1990年6月27日美国感应加应公司胡伯先生和澳大利亚子公司葡加丽先生到天拖考察热处理感应热设备

保加利亚机械出口公司总经理彼得·杜狄夫先生（右二）于1993年2月11日到天拖参观并洽谈加工中心（保）安装维修业务，管敏礼副总工程师、朱世祚副处长接待

◎ 交流篇

1993年4月16日巴西阿尔梅达财团总裁阿尔梅达及其夫人、圣保罗市商会会长林肯一行到天拖洽谈巴西合作建厂事宜

巴西阿尔梅达财团总裁阿尔梅达及其夫人、圣保罗市商会会长林肯一行参观天拖厂

1993年8月16日郭文瑞书记、宋殿华副厂长陪同日本大福株式会社、丸和株式会社的客人参观天拖

1993年10月22日美国宜康集团公司与天拖合资兴办宜开全书电子公司

◎ 交流篇

1993年11月3日匈牙利工商部加工工业司长率领的匈牙利工业工作组代表团到天拖访问

1993年11月9日中国贷款项目秘鲁代理公司负责人马里奥先生在天拖进行工作咨询

卢纪兴厂长向台湾农业机械化访问团介绍天拖产品情况并观看产品

天拖厂领导与来厂参观的外宾合影，前排左五为孙一明书记，前排右五为李玉盛厂长

◎ 交流篇

左起：瞿象颐副总工程师、孙一明书记，右一为马欣（马曼丽）秘书，右二为李玉盛厂长

副总工程师瞿象颐（前排右三）接待外国代表团

天拖铁牛-55CD型拖拉机在泰国进行田间耕作

朝鲜人民军代表团在天拖王茂海厂长陪同下参观生产

孙雨岩副厂长（左一）陪同美国百乐瑞斯机械公司（威斯康星州）经营与业务经理莫埃尔·豪森等到天拖参观

天津拖拉机制造厂与巴西成立拖拉机合营公司，双方在天津凯悦饭店举行签字仪式，天津市常务副市长李盛霖出席，天汽工业集团总经理纪学潋讲话

迪尔合作

1997年5月15日,美国迪尔公司全球农业机械部总裁伯纳德·哈迪克一行七人到天拖洽谈双方合作事宜,天津市副市长叶迪生(左二)在凯悦饭店贵宾厅接见哈迪克

1997年5月15日总经理杜允中（右一）、总工程师卢纪兴（左一）与哈迪克（右二）一行留影

1997年5月15日外经贸于是能经理向哈迪克介绍天拖新研制的稻麦收割机

1997年12月1日天拖总经理杜允中在美国迪尔公司北京办事处与迪尔公司总裁签订合资意向书

1998年2月18日美国迪尔公司总裁到天拖洽谈有关合资事宜，集团公司副总经理刘庆茂和天拖公司总经理杜允中、党委书记张赶伙等领导与之进行会谈

杜允中总经理等领导陪同美国迪尔公司总裁一行参观天拖厂

1998年8月25日天津市常务副市长杨新成与大卫在凯悦饭店亲切会谈

1998年8月25日天拖领导张赶伙、卢纪兴会见迪尔公司大卫、托马斯、道格拉斯、詹姆斯等一行

◎ 交流篇

1999年6月10日在北京钓鱼台举行中美合资约翰·迪尔天拖有限公司可行性研究报告签字仪式

1999年8月3日天津市常务副市长杨新成接见迪尔副总裁一行

1999年9月23日美国迪尔公司董事长兼首席执行官汉斯·贝克（左二）一行到天拖访问，天津市市长李盛霖（右二）等领导在市政府贵宾厅接见，天汽集团公司总经理林尹、副总经理陈先平，天拖公司总经理杜允中参加会见

1999年9月23日美国迪尔公司董事长兼首席执行官汉斯·贝克一行到天拖访问，双方在会议室座谈磋商

◎ 交流篇

1999年9月23日美国迪尔公司董事长兼首席执行官汉斯·贝克一行到天拖访问。图为双方合影

205

2000年3月19日天津市市长李盛霖在利顺德饭店会见迪尔公司道格拉斯·先科先生

约翰·迪尔天拖有限公司合同、章程签字仪式

◎ 交流篇

2000年8月8日约翰·迪尔天拖有限公司开业典礼在俱乐部礼堂举行

铁牛记忆
天津拖拉机制造厂影音辑略

李盛霖（右二）、罗伯特（右三）、邵奇惠（右一）、钟建华（左二）为约翰·迪尔天拖有限公司揭牌祝贺

◎ 交流篇

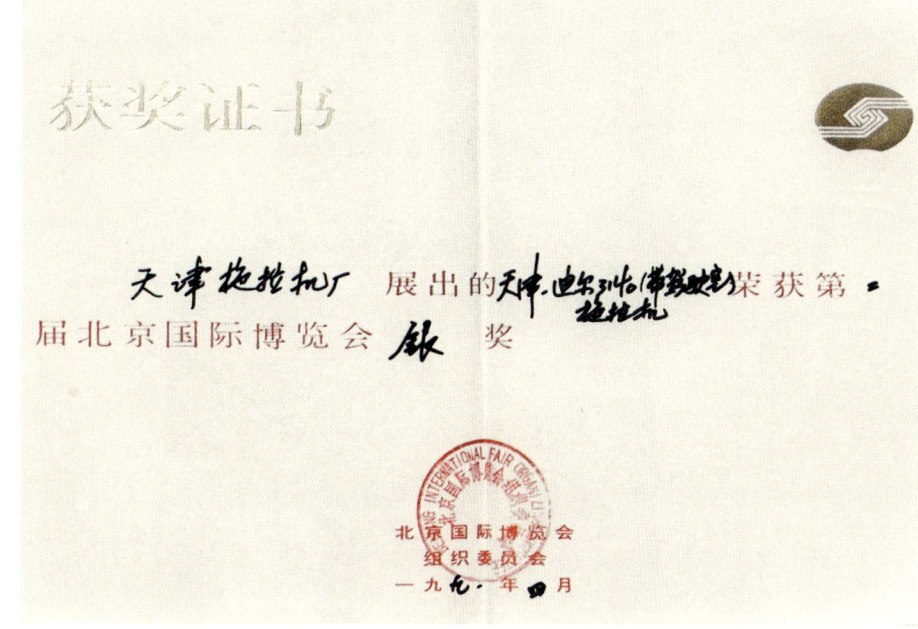

迪尔产品许可证书

迪尔产品获银奖证书

迪尔产品获银奖奖杯

铭记篇

  2008年，借滨海新区开发开放的东风，天拖整体迁入滨海新区。2010年，天拖在宝坻区九园工业园内建设了新工厂，天拖红旗南路旧址停止使用。2013年，天拖旧址整体进行了房地产开发，成为了今天的天津融创天拖。建设中，顺应天津拖拉机厂地块传统精神，保留部分厂区进行再开发，改建为融创天拖1956广场，开拓了天拖夜市，成为市民休闲娱乐、回忆参观的网红打卡地。附近的地铁站也被命名为天拖站。

  在城市的发展进程中，旧厂房的生产属性逐渐褪去，而它承载的城市记忆永远不会磨灭。

◎ 铭记篇

◎ 铭记篇

◎ 铭记篇

记忆
天津拖拉机制造厂影音辑略

◎ 铭记篇

◎ 铭记篇

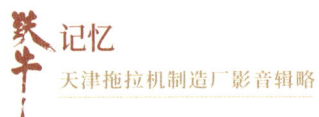

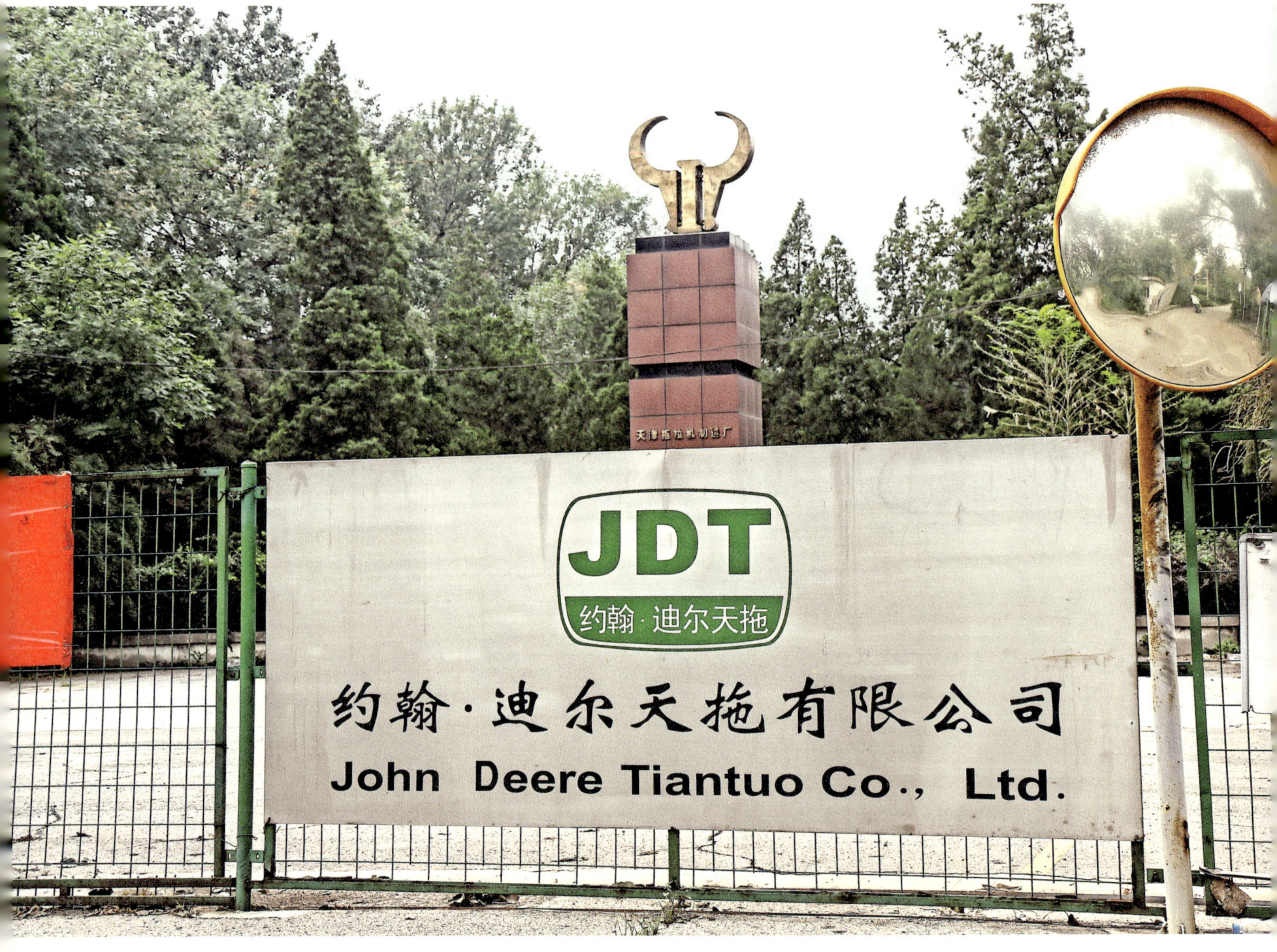
天津拖拉机制造厂
JDT
约翰·迪尔天拖
约翰·迪尔天拖有限公司
John Deere Tiantuo Co., Ltd.

◎ 铭记篇

记忆
天津拖拉机制造厂影音辑略

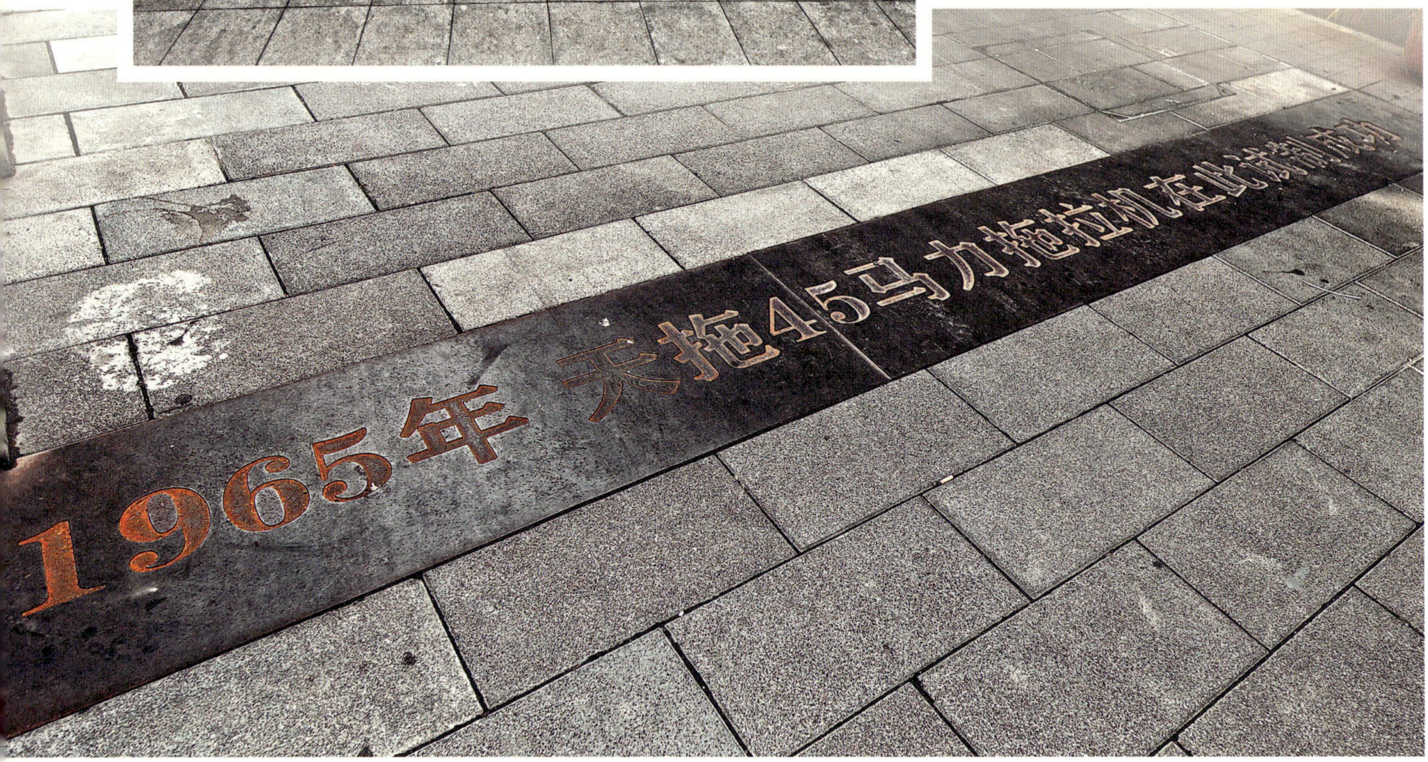

230

口述篇

葵卯记忆

付洪宾·简历

姓名：付洪宾
出生日期：1927年10月15日
家庭出身：城市贫民，工人出身
民族：汉族
籍贯：天津市
文化程度：高中
工资级别：企业7级138元

1934年至1939年，在天津市南开区观海里浚达学校上学，诗书五年。
1939年至1943年，在天津市南门西胡同当学徒。
1943年，先后在河北区三条石机床制造厂和造纸机制造厂当钳工工人。
1944年，在大直沽昌和制作所做工。
1945年年初，在南开区盖新工业社做工。
1946年下半年，在天津市六里台被服装具总厂做工。

1946年12月31日，考入天拖前身——天津汽车制配厂，在钳工部当钳工工人，逐步当上行政组长、工段长，先后担任机械加工车间主任、生产科副科长兼总调度、工具设备动力科科长。
1963年，调到新厂即天津拖拉机制造厂机修车间负责基建筹备工作，担任车间主任兼机械处副处长。
1979年9月至1985年，在天津拖拉机制造厂总工程师办公室任总机械师。

1949年，加入中国新民主主义青年团。
1953年4月，加入中国共产党。

1951年，在天津市开展的爱国主义劳动竞赛中取得优异成绩，获得天津市级一等劳动模范称号；领导的工作小组被评为天津市级模范小组，并被中央重工业部命名为学习东北特等劳动模范马恒昌小组的付洪宾劳动模范小组，荣获奖旗一面。

1957年在天津拖拉机制造厂工具科科长任上被评选为天津市南开区社会主义先进分子，获奖章一枚。

2017年授予付洪宾家庭东丽区第二届"最美家庭"荣誉称号，获得荣誉证书和中共天津市委宣传部、天津市精神文明建设委员会、天津市妇女联合会颁发的天津市2017年最美家庭荣誉奖牌一枚。

付洪宾·所获奖励

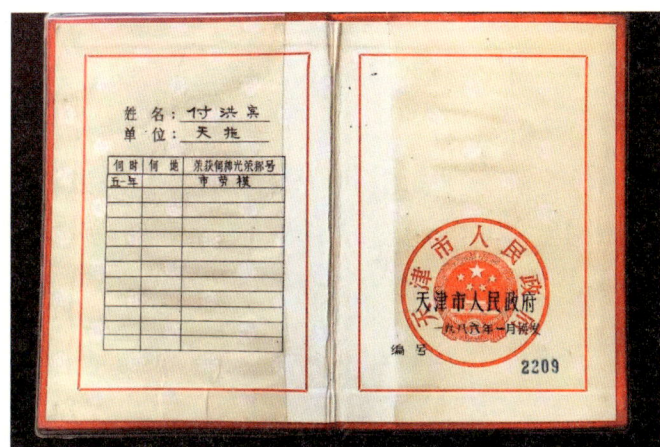

付洪宾·口述录音整理

2021年是中国共产党成立100周年。为配合党史学习教育，宣传党的伟大历史成就，完成组织交给我的任务，我回顾天津拖拉机制造厂的发展历史，据个人经历介绍情况如下。

天津拖拉机制造厂的历史沿革。天拖前身叫天津汽车制配厂，在日伪时期叫丰田汽车厂，日本投降后于1946年下半年国民党进驻天津时，由国民党交通部第八区公路总局接管，更名为天津汽车制配厂。该厂的总厂坐落在南开三纬路，时任总厂厂长叫姚树池，是国民党大员，副厂长叫刘忠海。下设天津汽车制配厂，主要生产汽车配件，如活塞、活塞环、轴瓦、活塞销子以及螺杆、汽车用的电瓶灯等产品。该厂有员工500余人。该厂组织结构：机工一部、机工二部、钳工部、冲压钣金工部、铸铁铸钢工部、铸造热处理工部、木工部、电工部。有一台空气压缩机，有一个大办公室集中办公，有负责生产、技术、人事考勤、材料供应、销售等工作的管理人员，人数不足20。

1948年，傅作义把张家口一个军工厂迁到天津汽车制配厂，改名为华北地区剿匪总司令部天津综合机械厂，主要生产军工产品，如冲锋枪、地雷、子弹、手榴弹等，目的是为在解放军攻打天津的时候做准备。

1949年1月天津解放后，中央重工业部汽车管理局派军代表长征干部李玉盛接管该厂。接管后，把河北省张家口综合机械厂迁回张家口，恢复天津汽车制配厂的厂名。李玉盛任天津汽车制配厂厂长，该厂归中央重工业部汽车管理局领导，局长张逢时。这就是天津拖拉机制造厂的历史沿革。

1949年新中国成立以后，我们国家的基本国情是一穷二白、一无所有，工业相当落后，全靠手工业生产，没有基础工业。我们取得解放战争的胜利后，工作重心从农村转移到城市，搞社会主义经济建设缺乏经验，第一个五年计划期间是苏联专家来我国帮助建设156项基础工业，例如钢铁制造工业、机床制造工业、工具制造工业、工艺装备制造业、大型电机和微型电机制造业、大中小轴承制造工业、轻工业纺织制造工业等。仅靠遗留下来的破烂不堪的旧设备搞社会主义建设，那是不可能的，因此毛主席提出要学习苏联在卫国战争时期30多年搞社会主义建设积累下来的宝贵经验。天津拖拉机制造厂就是通过学习苏联管理模式和经验发展起来的。天拖的发展不是一帆风顺的，走了不少弯路。1965年，原天津汽车制配厂改为天津拖拉机制造厂。

1949年新中国成立后，中央提出我国国民经济要恢复。1950年中央重工业部给我厂下达试制和生产20台铁道部需要在铁路上用的摩托车的任务，要求在一年内完成。厂部把这一光荣而艰巨的任务交给我们小组来完成。摩托车主要部件就是发动机，简称内燃机，它是摩托车的心脏，我们厂从来没有做过，这是新中国成立后第一次尝试内燃机试制和生产。内燃机的主要零件是气缸体、汽缸盖、曲轴、连杆、四轮轴，还有化油器（市场没有卖的），必须自己来制造，其生产特点是时间短、任务重、产品零件精度要求高、技术难度大、生产手段不具备，既没有专用生产设备，又没有工艺装备和工具能够对产品质量进行保证，上级还要求在一年内完成试制和生产，必须在保证完成试制的基础上完成20台的生产任务。

因为没做过，心里没有底，加上难度太大，吃不下、睡不好、思想压力大，怎么办？经再三考虑，我决定先召开我们小组的核心领导会议，小组成员大多数都是高级工，五、六、七、八级老工人有着丰富的生产经验，我把该产品主要零件和技术图纸交给大家讨论，向大家交底，让大家出谋划策。通过查看图纸和集体讨论，大家提出产品精度高、难度大的零件交给高级老工人完成。在小组内成立技术学习班，提高工人三角数学理论和应用水平。综上所述，我总结大家提出的三条具体措施：一是成立技术攻关互助领导小组，在生产上遇到的难题集体研究、互帮互助；二是组织文化和三角数学学习班，学中干、干中学，学用结合，解决技术难关；三是把内燃机六个主要零件分配给核心组成员，每人负责一个零件，从生产、技术、质量、工艺和工装设计、制造、生产，包干到底。

在厂党委领导下全厂总动员，厂领导亲自抓20台摩托车试制和生产任务。上级领导对中央重工业部下达的20台摩托车试制和生产任务非常重视。天津市总工会派工作组干部李珍同志下厂到我们小组蹲点，指导工作，亲自组织我们小组学习东北特等劳动模范马恒昌小组，学习工人参加民主管理的先进经验，"脱光"到我们小组。建立小组八大职能（简称小组八大员）和制定各项规章制度，增强和提高工人阶级事业心责任感，提倡人民当家做主人。在党委领导下，在全厂有关职能人员配合和上级工作组具体推动下，厂领导老工人和工程技术人员齐心协力，攻克了生产技术难关，克服各种困难，圆满完成了试制20台的生产任务。在新中国成立初期，三缸内燃机首次试制成功开辟了我国内燃机发展史上的新纪元。1951年在天津市开展的爱国主义劳动竞赛中，我厂涌现出为国家作出贡献的先进集体、先进个人和劳动模范人物，在我厂评选出3个特等劳动模范、4个天津市级劳动模范、2个天津市模范小组，天津汽车制配厂（天拖前身）获得天津市级模范厂荣誉称号。我被评为天津市一等劳动模范，获模范奖章一枚、荣誉证书一本。我领导的小组被评为天津市级模范小组，荣获重工业部颁发的锦旗一面。

1951年，我国国民经济还没有完全恢复，美帝国主义挑起侵略朝鲜的战争。我们国家开展了抗美援朝支援前线运动，不仅派彭德怀将军及志愿军支援朝鲜，而且在物资上给予无私援助。支援前线物资有：坦克车上用的履带钳子500台、汽油发电机400台、给前线战士看电影的150发电机200台，广大人民群众以爱国主义精神自发捐款捐物，支援前线。同时，发动群众开展爱国主义增产节约活动，支援前线。

1951年，全厂职工为五一国际劳动节向毛主席献礼，发扬工人阶级先锋队精神，生产出两辆汽车，

一辆军用吉普车、一辆小轿车，作为向毛主席献礼的礼物。这两辆汽车完全是靠老工人的双手敲打出来的，开辟了国家汽车工业发展史上的新纪元。

1949 年至 1952 年，我厂还开展了如下几项运动：1. 镇压反革命运动；2. "三反""五反"运动；3. "工人洗澡"运动，提高了全厂职工的政治觉悟和思想水平，提高了工人阶级的责任感和生产积极性，大家轻装上阵地投入到社会主义建设中来。

第一个五年计划期间，我厂完成如下工作。1953 年，重点学习苏联工厂组织设计经验，为推行这项工作，第一机械工业部厂工作组朱体乔工程师到我厂指导工作，选定在我机械加工车间试点，学习推行工厂组织设计版本。工厂组织设计版本规定设有三种类型选择：第一种类型是单件生产类型，这一类型适合工具车间和机修车间使用；第二种类型是成批生产类型，这一类型适合我们机械加工车间成批生产类型使用；第三种类型是生产流水线，按生产节拍组织生产，不适合我们推行。我们只能选择成批生产类型。组织设计版本要求：第一步，建立与健全车间组织机构；第二步，车间组织机构建起来后，搞人员编制定员；第三步，定员搞完后，制定各职能员的工作职责范围和分工；第四步，职责范围搞完后，制定和设计各职能工作所需用的各种报表、原始单据，以及各种报表工作流程和相互传递手续；第五步，搞建章建制和各种规章制度，用制度相互制约并巩固其组织设计成果。这就是苏联企业管理、工厂组织设计的经验，有规可循，在一机部工作组推动下，试点做出成效，总结经验，推广全厂。

1954 年，重点学习苏联企业计划管理经验，推行作业计划，长计划短安排。旬计划由工段计划员编制，周夜班计划由工段长编制，执行下达到各班组、各机台，学习苏联加强生产服务的工作，由车间生产准备员依据周夜班计划规定，亲自带领辅助工人把工艺文件、图纸、毛坯或材料工夹具送到每个机台，由生产工人签收，不让工人做辅助工作，工人只能生产。周夜班计划表格规定内容、数量，完成情况由工人自己填写，再经检验员验收合格的，数量有效。退修品由工人自己负责修理，不记工时。检验人员检查报废品以质量指标为准，超过质量指标的报废品由工人自己赔偿。超额完成计划指标给予奖励，体现多劳多得、少劳少得、不劳不得的分配原则。加强作业计划管理，目的是减少生产资金占用，产品零件设定合理工序占用量，设定合理零部件的储备量以保证生产正常进行，降低生产成本并取得最高的经济效益。

1953 年至 1954 年年初，我厂机械加工车间还试制成功了 5341 四缸发动机和 26 型汽油机并批量生产，将它们作为我厂主导定型产品。26 型汽油机年产 7000 台，5341 四缸发动机年产 3000 台、月产 260 台。我们又学习苏联先进经验，在 5341 四缸发动机生产计划安排上采取分批投入、分批生产的策略：就是把 5341 四缸发动机月产 260 台分成四次投入，四次出产。例如用月产 260 台除以 4 次等于 7 天投入一次 65 台，出产 65 台。一个月有 28 天正合 7 天投入一次，一次生产 65 台入库变成商品销售。这样就缩短了生产周期，而且资金回笼快，减少了资金占用，又降低了生产成本，提高了经济效益。这就是推行作业计划、长计划短安排，加强计划管理的经验。

1955年，我厂重点学习苏联计件工资制度，中央第一机械部长工作组下厂推动这项工作，选在我们机械加工车间试点推广，这一工资制度是在苏联推行的最先进、最合理的工资分配制度，它真正体现了社会主义的优越性，也体现了社会主义按劳分配的原则，多劳多得，少劳少得，不劳不得，其目的就是促进生产力的发展，促进和提高企业管理水平，调动工人建设社会主义积极性、创造性，不断地降低生产成本，取得最高的经济效益。

推行计件工资制必须有严格的科学管理制度作保证，企业必须有一定的管理水平给工人下达各项计划、经济、技术、生产指标，还必须能够考核各项指标完成情况。经检验验收合格后，计算工资报酬，例如：给工人下达工具消耗定额指标，规定工件生产500件指标，如果你只生产250件就把刀具损坏了，那就按刀具价格的50%给予赔偿。再如：给工人下达设备完好率和设备维护保养指标，如果对设备维护不好，甚至造成设备损坏，那就按设备管理制度给予赔偿。这样做的主要目的是让国家财产不受损失，促进工人正确使用设备和工具，不允许超负荷使用设备和违反工艺操作规程。通过制度约束，工人们都非常爱护工具和设备，爱护国家财产，既能完成生产计划，又保证了设备的完好状态，设备完好率也不断提高。加强工人对设备维护保养，以此促进企业生产发展和生产效率的提高。

计件工资制度规定了产品、零件划分工作物等级，按等级兑现。例如：二级工资的工人做三级工资的活儿，就拿三级工的工资。你是四级工人做六级工的活儿，就拿六级工的工资。这一规定极大地促进工人技术水平的提高和学习科学技术高潮的到来。计件工资制度的实行使生产效率倍增，促进了生产的发展和企业盈利水平不断提高，调动了工人的积极性，企业生产成本不断下降，职工生活水平大幅提高。经过三个月试点儿之后，工人们都买上了自行车和新手表，情绪高涨，每年都有组织、有计划、有步骤地完成一项中心工作，企业不断发展壮大，职工生活水平显著提高。工厂由一个生产汽车配件厂发展到生产多品种定型产品和大批量生产的一个大厂。我厂由500多人发展到3000多人，26型汽油机由生产7000台三年增到年产3万台，生产效率提高4.3倍，这是一个大的飞跃发展和进步，我厂广大职工生活水平和工资收入得到很大提高，前面提到自行车和新手表，不仅如此，还买上了缝纫机、收音机、电视机，还享有福利分房，职工生活很幸福。

1956年，我厂引进苏联40马力（29.4千瓦）拖拉机，为拖拉机生产配套零部件，扩大产品品种，提高内燃机马力，我厂在后厂区6000平方米的旧厂房进行改造，建立起一个发动机车间，车间主任张以礼，技术副主任邢佳禹，年生产规模6000台。经过四年多的生产，对发动机不断进行技术上改进，在50～55马力（36.8～40.5千瓦）基础上，又成功生产出60马力（44千瓦）和65马力（47.8千瓦）发动机四个系列产品，为拖拉机生产配套零部件创造了条件。

1957年，我厂为拖拉机配套开发了液压升降器和多品种液压油缸，成立了液压升降器车间，年产规模6000台。由此我们可以看出，我厂的科学技术飞跃发展，随着生产发展，工程技术人员的技术水平上了一个新台阶，给国家经济发展作出了贡献。

1956年引进拖拉机技术以后，实际上并没有生产拖拉机，主要开始搞基本建设。选厂址，建厂房。厂址选在南开区红旗路，工厂设计选第一机械工业部第五设计院与我们合作。工厂按年生产纲领15000台设计。

工厂设计主要是建厂房，为生产配套建设六个站一个房，即轧气站、空缩站、氧气站、水泵站、高压配电站、低压弱电站，一个供热供水锅炉房，供全厂生产生活使用。工厂技术设计工作组由我厂技术筹备组负责。工厂技术设计内容包括工艺设计、工装设计、设备选型、产品技术标准设计和各种技术定额（包括工时定额、材料消耗定额、能源消耗定额、工具消耗定额等）。

天拖建厂进度要求：在1962—1963年全部交工，1964年局部投产，主要是工具车间和机修两个车间局部投产。工具车间主要是工艺装备的制造、铸模、冲压模具，为拖拉机正式投产做准备。机修车间主要是全场设备大修、恢复精度和非标备制造200余台。还要为全厂维修站准备修理用的工具，制造加桥型平尺、平行平尺、平板等，为拖拉机正式投产做准备。

按全厂投产规模化要求，1965年全面投产。厂级领导召开全厂职工大会，发动群众搞大会战。大会战开始了，但实际上并没有投产，主要原因是，1964年，赫鲁晓夫单方面撕毁合作协议，撤走专家，拿走了图纸，苏方与中方关系恶化。中共中央作出决定，对中国国民经济做一次大的区域性布局调整。对我国东部"一线"和中部"二线"的经济建设项目实行"停""搬""压""帮"，重点开发"三线"战备后防。1966年，毛主席提出沿海地区不适合搞联合企业，重点发展"三线"。一机部根据主席指示，宣布天拖下马停建，把天拖厂一分为六，划分为六个厂：1.把天拖内燃机车间连人带设备划分给北京内燃机厂。2.把天拖液压升降器车间连人带设备划分给天津机械厂。3.把天拖工具车间的一大部分设备和人划分给贵阳工具厂。4.把天拖的齿轮车间连人带设备划分给三线南昌齿轮厂。5.把天拖的铸造车间划分给三线南昌锻造厂。6.把天拖保留下来的总装和底盘留给自己生产。由于当时生产条件不具备生产配套，无法组织生产，所以从1966年开始重新组建，又建起一个齿轮车间，还在1万平方米厂房内建金工一车间和金工二车间，依据现有的铸铁和铸钢车间建一条大箱体生产线，生产规模15000台。又组建了一个精密铸造车间，我为车间主任。因筹备建立车间工作突出，被评为先进单位。

从1971年正式开始生产拖拉机，生产能力逐步扩大，由月产200～300台发展到月产400台、年产4800台，到1981年最高拖拉机产量达到年产11000台，生产效率10年间提高2.3倍。拖拉机马力由50马力、55马力，发展到60马力、65马力，成为四个系列产品。我厂从新中国成立后的500多人发展到共有8000多人的生产大厂。天拖的发展不是一帆风顺的，走了不少弯路。从1956年引进苏联技术，搞了9年基本建设，到1971年正式投产，拖了15年。虽然走了这么多的弯路，但毕竟还是取得了一系列成就，这是在党的领导下，全体职工和工程技术人员共同努力的成果。这就是天津拖拉机制造厂的部分发展历史。还有很多我不知道的事情，比如1953年还是1954年，毛主席来过我们厂视察这样的大事，我没有在现场，不了解当时的情况，我就没有介绍。上述情况都是亲身经历过的事情，有的是亲自做的事情，介绍给大家。由于水平有限，不到之处请给予批评指正。

肖周·简历

1931 年 9 月
出生

1954 年 7 月至 1962 年 10 月
天津汽车制配厂工具科技术员、团支部书记

1962 年 10 月至 1970 年 8 月
天拖工艺科技术员、团支部书记

1970 年 9 月至 1975 年 6 月
天拖冲压车间技术副主任、工程师

1975 年 6 月至 1978 年 5 月
天拖技术改造办公室主任

1978 年 5 月至 1982 年 5 月
天拖金工车间主任

1982 年 5 月至 1984 年 12 月
天拖生产准备科科长

1984 年 12 月至 1991 年 10 月
天拖总工程师办公室主任、副总工程师、高级工程师

1991 年 10 月
退休

1984年12月，任命肖周同志为生产服务部副总工程师。

1987年1月，聘请肖周同志为天津拖拉机制造厂人才预测专家委员会委员。

1989年8月，聘请肖周同志为厂电视大学九届机制专业答辩委员会委员兼答辩教师。

肖周同志主要工作业绩

1963年5月，同洛阳设计院同志一起帮助贵阳机修厂搞设计建厂，为国家大三线建设作出自己的贡献。

1985年5月，组织领导我市汽车生产线的搬迁工作，在没有图纸的情况下，和广大技术干部、工人一起克服困难钻研技术，一次性成功搬迁并正常运行，为国家节约了资金。

1989年6月，领导组织了天拖厂锅炉房的技术改造，降尘后黑烟变白蒸汽，改善了环境，提高了能效，受到欢迎。

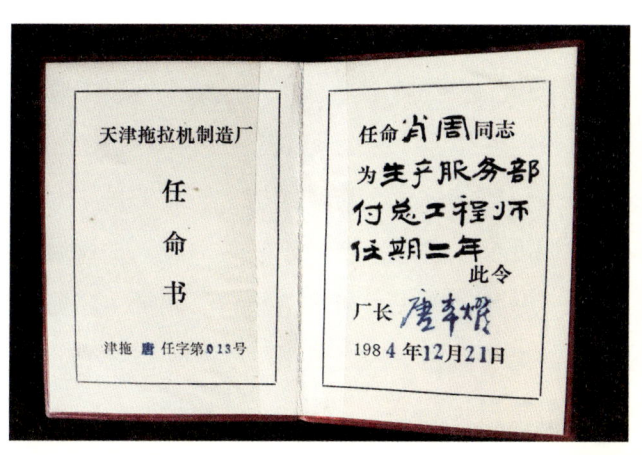
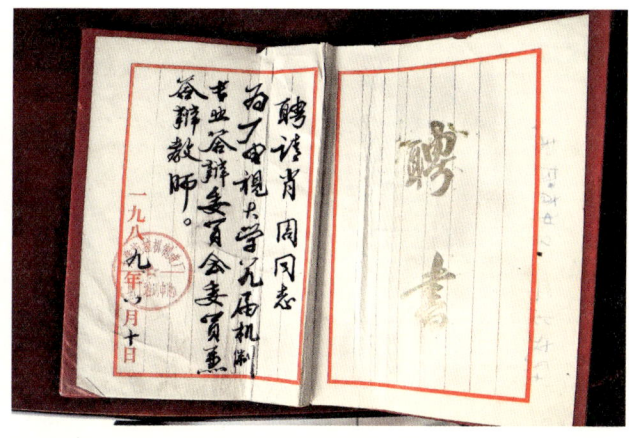
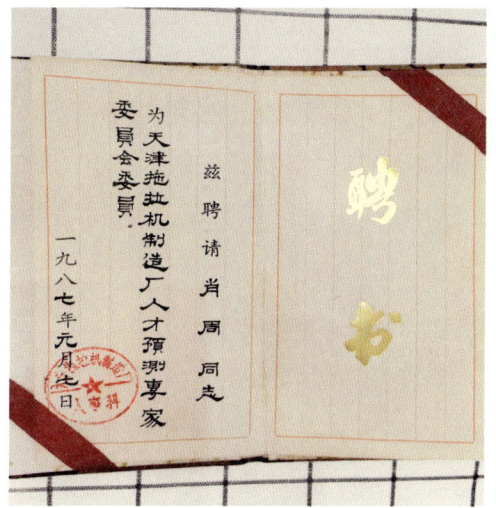

肖周·口述录音整理

我是1949年考入苏州工业专科学校，学制5年，3年读高中课程，2年读大专课程，学习文科知识偏少，注重理科知识的学习。1954年7月份毕业分配到天津汽车制配厂，直到1991年才退休，后又返聘一段时间。

到天津拖拉机制造厂（原天津汽车制配厂）工作后分配到工具车间（科室）当工艺员，我是工具车间唯一的一名学生工艺员，承担着设计人员与工艺人员之间的沟通任务。工具车间模具都是单件、零件生产，只有刀具和量具是小批量生产，当时的工艺人员都是老师傅在工作，文化水平比较低，需要技术人员帮助计算。我的主要工作是帮助老师傅看图，单件设计图纸比较粗糙、容易出现错误，老师傅有时看不明白，我就做帮老师傅看图、矫正图纸的工作。对出现错误的图纸，我与工艺部门的制图员沟通后，由工艺部门的技术人员填写图纸修改单，保证零件的底图准确。同时我还负责天拖工具车间团支部的工作。后来工具车间的工具和机修搬到了红旗路新厂区。因为洛阳拖拉机建厂比较晚，他们的部分人员先到天拖来实习，天拖扩建前我们去过洛阳拖拉机厂学习。

我非常熟悉天拖的情况，先后在工具车间、机加工车间工作过，在冲压车间当技术主任，后又提拔为精工车间主任。金工车间比较大，有1000多名职工，包括热处理工段。后又调到科室工作，在工艺处当副处长，负责产品综合工艺管理、工装设计等。还任过生产准备科科长，为生产新产品做准备工作，包括安排生产准备计划，通知工具车间负责生产新产品前准备计划并考核。还有组织调度会、安排新产品试制等内容。工作后期担任天拖副总工程师兼总工程师办公室主任。我是管理工具机修的副总工程师，还管理总工程师办公室的行政事务。在建厂时还参与过工具机修内迁三线的工作，派我带领工具机修车间的几名技术人员一起配合农机部洛阳设计院搞工厂设计。天拖厂一分为六，工具机修车间当时就分配到贵阳。贵阳市比较炎热，厂房没有窗户，只有几根柱子，旁边有围墙，有门，但是厂区很荒凉。我在贵阳待了一个月的时间，帮助规划建厂房，建工具、量具车间。当时国家要求支援三线要好人好设备，工具技术人员由我统筹考虑，要情况清楚、技术过硬的人员，天拖很大一部分人员都调到贵阳，天拖只保留了一小部分。我还分管动力锅炉房、动力气包房、车辆运输、基本建设（土建）等工作，有一些管理内容与所学专业不对口，于是我边学习边开展管理。

天津汽车公司确定将一条日本产自动焊接生产线搬到天拖，由天拖生产大发汽车，但焊接生产线没有图纸，只有实物，认为搬迁过去也是一条废线。厂领导决定抽调金工、机修、运输等单位的人员完成这项任务，经过协商，由技术过硬的工人、技术人员和电气工程师组成专业队伍到实地勘察，掌握和分析生产线的工作情况。他们勇于承担责任的精神令人感动。这条生产线一共分 8 个工段站。先用光学测量好生产线的水平面，按段站分工，由钳工、电工进行拆卸和组装，电工进行生产线的链接。他们分别绘图和做好记录。我们回厂后完全按照测量的数据，重新调整生产线的水平面，一次组装成功，完美顺利地完成了焊接线搬迁工作。

第二项大型工作是锅炉房改造。锅炉房建在天拖厂后区，原来烧的煤不能充分燃烧，并且有杂质，每天烟囱都冒出大量的黑烟，造成员工身体抱恙。还有一次水锅炉的水烧干，险些爆炸，差点酿成重大事故。上级领导来我厂检查提出要求，厂领导决定启动锅炉房净化改造工程，由我负责组织实施。先由动力处去北京学习先进经验，后来我也参加了建冷却水塔的工作，增加对煤灰的浇水，使空气充分燃烧后变成水蒸气循环排出，最后在下面建水池子，使煤灰通过水沟汇集到水池子，积少成多后用专用工具抓出销售。改造后全部实施自动化管理，工人的工作环境大变样，每天都是穿着白大褂观测仪表。经过净化改造后，锅炉房烟囱冒出的都是白烟。

第三项大工作是搭建局域网，使用计算机管理工厂。20 世纪 80 年代末 90 年代初，天拖厂要搭建局域网，厂里让我负责此项工作。对我们来说计算机是一个全新的领域，有一些大学学习计算机的毕业生进行编程，我们一起学习。我在计算机室负责在厂领导和技术人员之间推广使用计算机，采用计算机进行管理。我通过学习，按照书本的内容开展简单的计算机培训，并且要在厂领导和中层干部中介绍使用计算机管理工厂的作用。开始大家都很抵触，害怕使用计算机出错，不愿意使用。我给他们介绍，计算机就像算盘一样只是一个工具，不会出错，只有使用者操作错误或程序员编写错误。过去会计结账要反复核算，尤其出现错误时要整晚对账，不能回家。我又对会计人员进行解释和劝说，让他们使用计算机统计，最后财务和销售工作全部运用计算机管理，使用专门软件。后来计算机发展很快，软件也越来越先进，我们和北京第五设计院都是用美国的软件，我们特意去北京学习计算机使用和管理。

1954 年我进天拖厂之前就听说这个厂手工敲打汽车壳和手工装配出中国第一台汽车，特意开到北京向中央报喜，还在报纸上刊登了喜讯，比第一汽车制造厂生产汽车还早。天拖原名是天津汽车制配厂，中央认为这个工厂有条件，所以搞了年产 20000 台拖拉机的规划。但还没开始生产，就开展"深挖洞，广积粮"，搬迁大三线运动，贵阳是大三线之一，工具机修车间好人（精干的人）好设备分到贵阳。段工车间大部分人员分到湖南，天拖只保留一小部分。

天拖厂的结构存在大问题，建厂是学习借鉴苏联的模式"大而全"，就像洛阳拖拉机厂和第一汽车制造厂这样的规模都比较全，协作单位很少。天拖与他们两家相比较规模小。还有一些协作单位，像北京发动机厂就是原天拖发动机车间连人带设备一起搬迁过去的，由他们供应我们天拖的发动机。我们国家农机行业产品价格便宜、利润少，由国家定价，这是国家政策，但是不符合经济规律，没有按照成本计算，所以拖拉机发展很困难。后来天拖划归天津市地方管理，地方管不了，因为很多协作件都是全国供货，供货商不听从天津市政府调度。而后形成天津市管理天拖厂的人事任命，厂长、书

记都是天津市政府任命，天拖有许多领导是从天津纺织系统提拔的，业务还要由中央农机部进行管理。分配到天拖的毕业生有很多是清华大学、天津大学、哈尔滨工业大学、农机部的吉林工业大学毕业的。新中国成立后，老百姓都当家做主，天拖的工人情绪高涨，都存在感恩的思想，工人积极性高。工龄8年以上的职工看病都不要钱，100%的报销。抗美援朝时期，天拖工人作出很大贡献，积极奉献，不要加班费。天拖后来的产品是从德国引进的，我们去德国学习数控时，他们很看不起中国人，认为你们来学习也是白来，回去后你们也干不了。随着天拖的壮大，德国人对我们的认知发生了转变。

　　随着社会发展，有关部门建议要从科学的角度研究企业管理，而且要研究企业分类管理。因为企业生产性质是千差万别的，管理上要找出共性，同时还要有针对性地开展研究。科技在发展，各产业科技含量也是越来越高，管理水平也需要提高，要形成一整套适合企业的管理方法。新中国成立初期我们对基础科学不重视，现在越发达越要重视对基础科学的研究。

陈维祥·简历

1934 年 4 月 出生

1953 年 5 月 天津动力机厂车间主任

1968 年 6 月 天津动力机厂党委常务委员

1980 年 6 月 天津汽车散热器厂厂长

1986 年 6 月 天津市汽车桥厂厂长

1988 年 4 月至 1989 年 8 月 天津市拖拉机制造厂副厂长

1989 年 9 月至 1996 年 6 月 天津市拖拉机制造厂厂长

陈维祥·所获奖励

1990年4月，获得天津市人民政府颁发的"陈维祥同志被评为1989年度安全生产先进工作者"荣誉证书。

1992年3月，获得由天津市总工会颁发的"八五"立功奖章。

1995年7月，陈维祥同志被评为1995年度厂级优秀党员。

2021年7月，获得"光荣在党50年"纪念章。

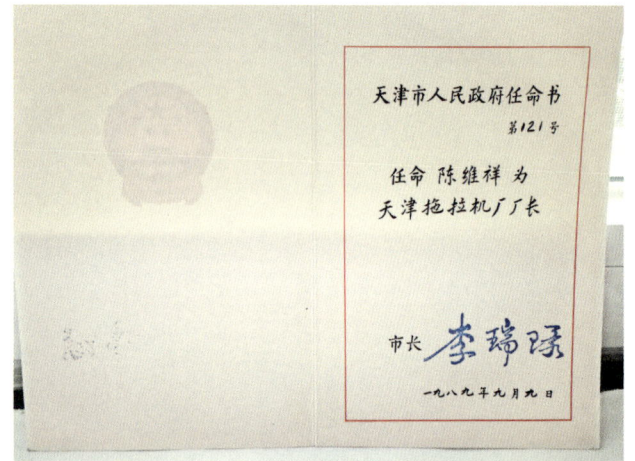

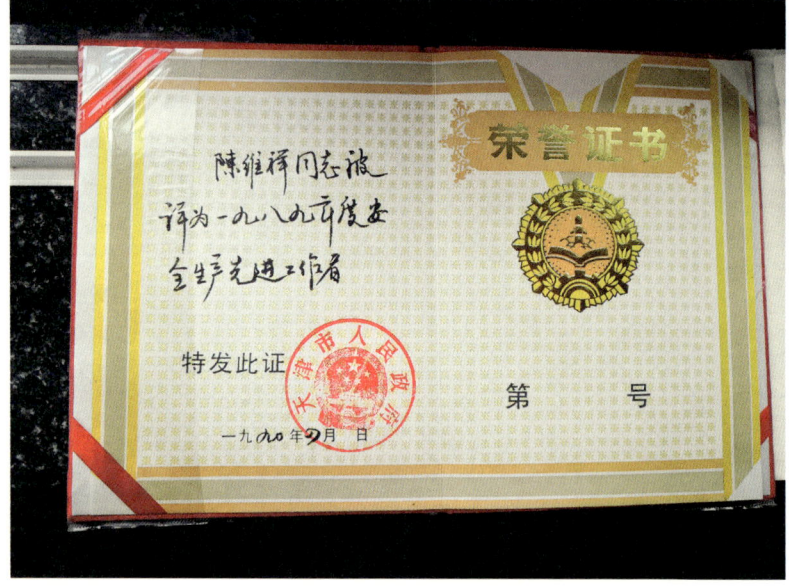

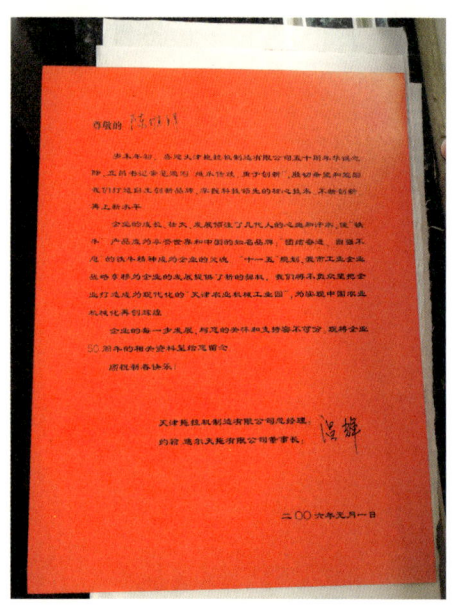

我1953年在天津动力机厂（简称天动）工作。1980年我到天津汽车散热器厂当厂长。1986年我又到天津汽车桥厂任厂长。1988年4月份，我被调到天津市拖拉机制造厂（简称天拖）任副厂长，汽车公司一位副经理陪同我一起到天拖工作，我们俩都不愿意去，因为当时的天津拖拉机制造厂工作环境比较乱、比较复杂，产品不行，效益也不行，困难重重。到1988年的10月份，汽车公司的副经理对我说，我该走了，因为咱们天拖扭亏为盈了。当时汽车公司的副经理与我一起来天拖工作的目的就是扭亏，不扭亏，他不能走。

天拖之所以能扭亏，不是因为拖拉机本身，靠拖拉机本身扭亏非常困难，因为国家有支援农业的方针，但政策又没跟上，那就需要企业来支援农业；拖拉机的价格原是国家计划价格，可后来改革，讲市场运作了，进的原材料、配件、还有钢材等都是市场价格，所以企业就承受不了，造成连年亏损。我们来到天拖工作，第一步想着，就是要扭亏，扭亏的办法就是生产汽车。因为汽车利润高，拖拉机利润太低了，大发汽车刚出来，夏利还没上，双排座汽车卖得特别快。我和老董商量，向汽车公司提出，天拖开辟组装双排座的生产线。三个月，我们天拖自己设计制造完成汽车生产线。三个月生产出汽车产品，到了10月份，天拖就已经扭亏为盈了。

后来，我考虑组装汽车也不是长久之计，因为天拖毕竟不是汽车厂，是农机厂，是拖拉机厂。所以我们必须调查市场、了解市场。让咱的产品更新换代，增加新的产品，适应市场发展的需要。根据这个情况，我们就研究新产品。天拖原来产品是铁牛-55，铁牛-55拖拉机也是很有名的，全国很有名。但是随着农业的发展，光靠这一个品种已经不适应了。所以我们经过市场调研，提出了第一步生产60马力（44千瓦）拖拉机。为什么要生产60马力拖拉机呢？当时嫌拖拉机55马力（40.5千瓦）小。过去农村集体购买设备，后来由个人购买，很快就能收回来成本，一是开展农业服务，耕种、收割，这都可以；二是农闲时间能跑运输。所以我们在市场调查的基础上决定生产60马力拖拉机，因为再大马力的拖拉机跑运输，就不合算，成本太高。我们研发生产60马力拖拉机，非常受市场和农民欢迎。农闲时可以跑运输，它的载重量比汽车还多，可以拉五六十吨货，回本非常快，所以卖得非常好，当年就卖了5000台。

后来我们考虑，光靠这种形式也不行，还得真正坚持为中国农业机械化服务的这个方向，不能偏离。所以又搞了其他产品，例如654型号拖拉机，就是65马力（47.8千瓦）四轮驱动机。后来又搞了804型号拖拉机、80马力（58.8千瓦）四轮驱动机。再后来又搞了110马力（80.9千瓦）四轮驱动机。1991年，654型拖拉机就正式投产。1992年，

陈维祥·口述录音整理

我们的804型拖拉机设计出来；1993年，804型拖拉机就正式投产。这两款拖拉机功率大、牵引力大，效率高。效率高了，相对来讲成本就降低了，所以非常受欢迎。销售区域主要是"三北"地区，包括西北，西北地区新疆为大头，新疆、甘肃。还有华北地区，主要是内蒙古。再一个就是东北地区，东北地区主要是大农场、国营农场。国营农场都是承包制，所以非常受欢迎。我去了黑龙江省农业机械厅，我跟他们厅长说，我要在你们东北各大农场，推广我们的804型、654型拖拉机。那时候，东北已经开始种水稻了。原来铁牛拖拉机大伙儿称它为"旱牛"，就是在陆地上跑的。下水田叫水牛，它下不了水田。我们研发生产的804型、654型拖拉机全部能下水田。当时上海有个504型号的拖拉机，它一下水田就不行，因为功率小、牵引力小，一下去就陷进去走不了了。我们天拖的654型和804型拖拉机一面世，就在东北大片农场的水稻田里工作，非常受欢迎。那些水稻大农场、工业农场，全用我们铁牛拖拉机。最后机械部也感觉天拖这两年也没要国家投资，就通过技术改造，适应市场，最后发展起来。光新疆就购买大量拖拉机，一年我们供应它最少4000台，最多时5000台。

迪尔跟我谈的时候是1992年。他们有个中国东方项目的经理，常驻香港。当时咱国家确实也需要一些大型拖拉机，但是购买外资的拖拉机成本又太高，一台100马力（73.6千瓦）拖拉机，折合人民币46万，价格太高了。咱们国家自产的一台80马力的拖拉机，才不到5万块钱。所以美国人对比价格就知道肯定竞争不过中国。美国的拖拉机，它的价格为什么那么高？主要是技术含量高，投资也大。所以在国外、在国际市场上都是价格高。后来我们就利用价格差，打入国际市场。在美国我们有销售点。后来我们又进入南美的厄瓜多尔、委内瑞拉等国家。1993年、1994年进入巴西市场，跟巴西签订完合资合同，准备在巴西组装拖拉机。合同签订后，运输几百台拖拉机到巴西。后来因为巴西公司内部分裂，组装拖拉机装备线项目被迫停止了。

洛阳拖拉机厂（简称洛拖）属于特大型企业。他们厂长、书记，还有机械部的几位领导，让办公室主任给我打电话说，我们五位领导都在，你能不能来北京一趟，咱们两家谈谈能不能联合成立一个大型公司。洛拖主要生产链轨式、履带式拖拉机。天拖主要生产轮式拖拉机，轮式和履带式结合起来，整个中国市场就可以基本覆盖。当时如果与洛拖联合也有一个好处，它在香港上市红筹股，一下拿回来23亿的资金。洛拖提出来，天拖负责进行技术改造，大量地投入，我拿出5亿资金作为投资，咱们两家合作干大，面向全国甚至共同打开出口市场。

咱们天拖一个根本大问题，就是发动机主动权不在我们。原来是天津市自己生产发动机，后来发动机就划归到北京内燃机总厂，造成天拖就没有自主性，发动机依靠别人。我在职的时候，咱们生产654型拖拉机需要60马力发动机，只依靠北京内燃机总厂供应不上。于是我就找潍坊柴油机厂，找洛阳拖拉机厂，三家联合供应我们。感觉到咱发动机老是受制，所以洛阳拖拉机厂提出两家搞联合，我同意了。因为洛阳出拖拉机也生产发动机。

天拖的发展历程，国家也下本儿了。原来对天拖投入多大呀！建厂的时候，建了四条铁路专用线，从青县、黄骅往这儿运土，整个儿把这片地垫起来。最后张逢时部长说了，你天津的天拖，是用人民币一元一元垫起来的。现在提出工业发展目标来看，要广泛研究寻找新的发展方向，要在原来的基础上搞发展，太迟缓、太落后了，把好的时光和市场的影响都丢掉了，如第一台彩电、缝纫机、自行车，纺织、轻工、无线电、半导体原来都是非常有名。这两年天津在新区上投入了不少新产品，这是对的。天拖在55马力的基础上60马力也生产出来了，654型号、804型号、104型号也都相继生产出来，没有用国家投资，就用设备折旧费自己搞发展。洛拖的发展效益与天拖比要差，职工的收入水平也比天拖低，天拖创造了历史。

天拖可以自主评定高级工程师职称，我在的时候正高、副高、中级一共就1200多人。那时候天拖工人最低是技校毕业，大专毕业的工人后来评职称，评的都是高级技师，那时素质是非常高。有一个叫张太川，是市级劳动模范。有一次他跟我去美国，美国市场已经打开。到美国我们去农场参观，那个农场主说我们这台拖拉机趴窝半年了，国内的客户服务来过几次，都没有修好，你们能不能帮我们看看？我对高级技师张师傅说，你去帮他们看看，修不好不丢人，他们都弄不了了，咱弄不了也不丢人。张太川说："陈大爷，你放心，我准给你露脸。"张太川他听发动机的声音，都听完后，我问："怎么样？"他说："你放心，我准叫拖拉机重新启动！"他这个人的技术程度是一听就知道拖拉机的问题在哪儿，去那叭叭地用俩小时修好了。开车试试，拖拉机开动起来了。这时美国人给鼓掌，称赞你们中国人有能耐。从这件事说明天拖职工和工程技术人员的素质是很高的。后来天拖没有继续往上发展、往大发展，非常遗憾。光这些工程技术人员，就是北大的、清华的、交大的、哈尔滨工业大学的、西安交大的。我们的总设计师是1949年上海交大毕业的，叫朱建涛。朱建涛现在身体挺好的，已经96岁了。他毕业就来了，从天拖建厂就在这边工作。他当过设计科科长、总设计师。后来我们搞这些654、804，都是他牵头，他领着这些人干。管敏礼原来是搞工艺的，他不是搞产品的，他是副总工程师，他后来也参加了一些。真正搞产品设计的是朱建涛。除了管敏礼，还有一位搞产品的叫吴敬群。

天拖的精神，可以这么说，自强不息。铁牛精神，铁牛这个牌子非常硬，是一块金牌，所以大家伙感觉为什么现在一块牌子都卖啊，那可不是说用金钱可以做交易的。自强不息这个精神，天拖是始终坚持的，不靠上级投资，就自己创新、发展。那时候，天拖职工的心情是把任务交给他，他没白天没黑夜，不讲价钱的，没有讲加班费的。所以就是自强不息、艰苦奋斗，不等不靠，就自己创新。你看那会儿生产60马力拖拉机的时候，我们拖拉机有一个动力输出箱，这个变速箱，动力输出，因为它空间比较小，所以里面的结构非常紧凑，这个设计、制造都非常困难。最后有一个工程师自己加班经常到两三点，反复试验，最后解决了问题。什么叫自强不息啊？没有这种精神他出得来嘛？那么短时间，那么多产品，两三年的时间，好几种大产品，那都不是说搞个小部件。拖拉机需要国家鉴定，国家鉴定不是当时就可以得结论的。拖拉机有一个最大的特点，就是季节性。除了台架试验以外，还有田间试验。田间试验它一天耕好几百亩地（1亩约为666.67平方米），谁有那么多闲地给他耕去。试验三个月，三个月得多少地？必须按农业季节，比如说秋收完了之后，地都空闲了，你才能试。所以这个投产过程、试验过程长。天拖的广大职工啊，他们是真够意思。像铸钢啊、铸锻啊、铸造啊，条件非常艰苦，他们上班这一天啊，就穿那个帆布的工作服，身上连内衣内裤什么的都不穿，因为他老冒汗流水啊，一下班赶紧洗澡换衣裳。这就是工人阶级硬骨头精神。

◎ 口述篇

高维新·主要工作经历

1936年7月出生。

1951年至1957年新中国成立初期，为解决军工民用移动供电设备及排灌设备工程机械对国产动力机器的需求，天津汽车制配厂先后研制了多种型号机型进行大量生产，有5141型汽油发动机，5341型汽油发动机，26型汽油发动机，150型汽油发动机、煤气发动机，用苏联吉斯-150四吨载重汽车改制成的军用油罐加油车。对以上产品做装配调试工作。

1957年赴北京参加由农业机械部汽车拖拉机研究所进口拖拉机鉴定站和我厂联合对苏联KA-35拖拉机、ДТ-24拖拉机、МТЗ-2拖拉机进行试验、分析，研究拖拉机性能，并在北京地区做适应性试验，工作中负责拖拉机的技术状态维护和试验工作。这次试验为我厂生产拖拉机选定型号提供了依据。

1958年参加天拖首批四台天津铁牛-40拖拉机的试制任务。拖拉机整机装配完成后，通过试车运转，拖拉机性能、质量表现良好，达到要求，首批4台天津铁牛-40拖拉机试制成功。

1961年以专家身份出席埃及开罗博览会，主要负责中国展馆中的汽车拖拉机、内燃机、排灌机械及农机具的技术工作和国际技术交流，收集国外有关资料。

1962年天拖厂为提高产品质量，需要完整技术文件，到拖拉机车间编写、校对拖拉机装配工艺内容。作为正式的工艺文件，在拖拉机装配生产线上应用。

1963年参加铁牛-40拖拉机国家鉴定试验，负责拖拉机赴河北省邢台唐家庄农场进行连续2000小时农田耕地、耙地、运输不间断地关键性耐久试验工作。经过各参加试验单位的密切合作和全体工作人员的努力，按时完成了拖拉机关键的耐久试验。天津铁牛-40拖拉机通过国家鉴定。

1964 年参加进口拖拉机全面性能试验，在试验中负责部分的组织工作和试验工作。被试验的拖拉机型号：苏联 MT3-50 拖拉机、日本 WD-50 拖拉机、法国 Somica-611 拖拉机、英国 MF-65 拖拉机、罗马尼亚 UTB-650 拖拉机。经测试，对以上型号拖拉机均作出分析评价。此次试验是建厂以来对国外拖拉机测试规模最大的一次，为我厂积累了丰富的技术资料。

1965 年参加铁牛 -45 拖拉机国家鉴定试验，试验在河南省许昌市进行，由天津拖拉机制造厂、北京内燃机总厂、许昌拖拉机试验站、洛阳拖拉机研究所共同组织试验工作。经过 7 个多月的试验工作，完成了拖拉机 2000 小时的耐久试验。通过国家鉴定后，北京内燃机总厂生产的 4115T 型柴油发动机开始装配在天津铁牛拖拉机上。

1973 年参加新产品铁牛 -60 拖拉机开发试制、试验任务，在试制过程中出现一些技术问题，影响拖拉机的性能和质量。经过多次试验、研究，解决了液压系统主滑阀磨损和安全阀可靠性差的问题。经过改进，拖拉机的性能和质量得到保证，试制、试验顺利进行。

1974 年编写新产品铁牛 -60 拖拉机使用说明书，全面介绍拖拉机的结构特点、性能数据、使用方法、注意事项，使驾驶员能够安全、可靠、合理地使用拖拉机，提高生产效率。

1975 年参加铁牛 -60 拖拉机国家鉴定试验，拖拉机通过了 2000 小时的田间耐久试验和其他项目的考核，铁牛 -60 拖拉机当年通过了国家鉴定。

1982 年参加铁牛 -80 拖拉机的试制试验任务，赴河北省保定市农具厂进行铁牛 -80 拖拉机与农具厂生产的 4×35 铧式悬挂犁配套试验。

1984 年厂派赴德国曼海姆迪尔公司培训，全面提高技术水平和理论水平，更好地完成了多项工作任务。

1987 年天拖引进美国迪尔拖拉机技术，在没有专用设备和工艺装备的条件下，自己动手编制工艺，自己制造简易工装和专用工具，装配出具有 20 世纪 80 年代国际水平的天津迪尔拖拉机。经德国专家检测，性能完全符合技术指标，得到德国专家的好评，使天拖获得迪尔拖拉机生产权。

1990 年由天津市劳动局颁证，获得技师职称。

1993 年承担开发研制 2815 型农用运输汽车的任务。时间紧、任务重，通过周密计划、合理组织调配，在各方面积极配合下，这款汽车当年试制成功，当年通过国家检测认证并取得生产许可证，当年大批量生产，取得了可观的经济效益。

1995 年参加由三峡国贸集团组织的赴俄罗斯、白俄罗斯的大型工程机械考察工作。

1998 年应聘中美合资"JDT"迪尔天津拖拉机制造公司产品开发部，做新产品开发试制、试验工作。2002 年主导研制大中马力拖拉机无人驾驶颠簸试验设备，6 个多月完成设计、制造、调试工作，运转良好并交付使用。该设备的特点是大中马力轮式拖拉机可以在无人驾驶状态下，按照试验规范要求，通过机械液压控制机构、自动控制系统实现拖拉机沿设定的圆周轨迹进行不间断地颠簸试验，做到安全可靠。投入使用后，有多品种国内大中马力拖拉机在该设备上进行试验，效果良好，填补了我国大马力拖拉机无人驾驶颠簸试验设备的空白。

1991年荣获天津市"八五"立功奖章。

1993年荣获国家机械电子工业部授予的"全国机械电子系统优秀技师"荣誉称号。

1993年由天津市劳动局颁证，获得中华人民共和国高级技师职称。

高维新·所获奖励

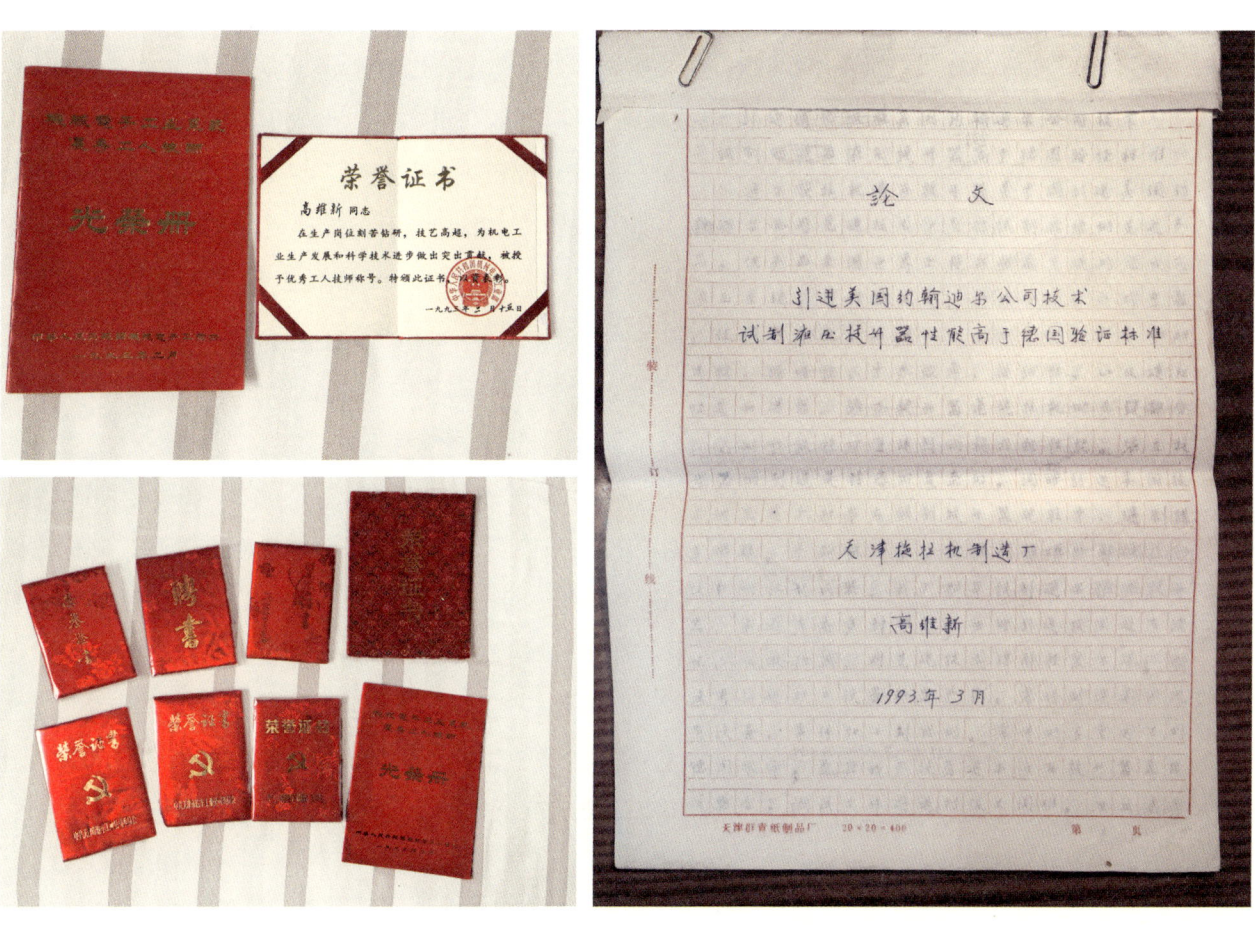

高维新 · 口述录音整理

我们进厂的时候是1951年4月2日，是天津解放后第一批招工的，是考试录取的。我们一共27个人，是第一批进厂的。进厂以后，通过培训，就直接到工厂工作了。当时只能生产一些汽车配件、小零件。因为那个时候是经济恢复时期，整个还没有运转起来。从1951年开始，就着手研制内燃机、汽油机。那个时候是叫"五一四一"。"五一四一"就是指1951年引进的第一批四个缸发动机。然后，大约在1951年国庆节前就生产了首部汽车。纪念章上写着"首部国产汽车制造成功纪念"，后面有年份和这章的编号，参加研制的人员都有这个。那年把汽车送到北京，这是咱们中国第一部国产汽车。另外，1958年生产出来第一辆拖拉机。这样天拖正式就纳入到拖拉机制造行业了。而且，这在中国都是首创。在这之前，是没有做过拖拉机和汽车的。

这时候，我在车间里工作。1956年建拖拉机厂，到1963年我就调出来了，到北京，汽车拖拉机研究所，跟大家一起准备仿制苏联（现在属于白俄罗斯）拖拉机。那时候叫铁牛-40。在生产铁牛-40的时候，这厂子还生产汽车配件和发动机。我们在汽油机车间，正常生产以后，把汽油机车间都改成了配件车间。1958年，正式生产拖拉机，那是绿色的铁牛-40拖拉机。当时，咱们国家只有这一家轮式拖拉机厂。供不应求啊，那是相当受欢迎。那个时候想买一台这个铁牛-40，可费劲了。都是国家分配，一个大队要有一辆铁牛，那是很不简单了。再过了一段时间，厂子发展得比较好。产品不是40了，改成45。当时准备扩建，开始扩建的时候，咱们定型45马力（33.1千瓦），在当时与世界水平相差不多。所有配件全部自己生产，无论是发动机，还是底盘、附件，"大、洋、全"，确实比较兴旺，是天津市特等劳动模范厂。

1963年通过国家鉴定，咱厂可以大批量生产45马力拖拉机，也可以出口。咱当时还拍过照片了。到1965年的时候，北内（北京内燃机总厂）供应咱们发动机啊，咱们主要是生产底盘。那就是出55马力（40.5千瓦）的拖拉机了。55马力的拖拉机也是相当兴旺，全国从南到北都用咱们拖拉机。那个时候我就到设计科了，做试制、试验工作，后来在设计处，我一直就在这个技术部门。我的主要工作就是开发新产品，改进老产品，升级改造。再有就是，根据农村用户的需要来增加什么性能或者取消什么不必要的东西。咱们一直本着自力更生的精神，不再依靠苏联，当时跟苏联关系也不行了。都是咱们自己动手，自力更生，搞技术革命，正式做咱自己的拖拉机。

以后，这个厂子还是比较好的。当时也为国家作贡献，按现在说法叫盈利。因为全国就这一家生产轮式拖拉机。最后，就是自己独立设计开发新产品。真正做成了的时候，是在1970年左右。咱自己设计出来60拖拉机。这个新60跟苏联产品完全不一样，是咱们自力更生设计的，咱们自己的技术。但是，老的产品还接着生产。60马力（44千瓦）产品经过再革新、再创造就变成65四轮驱动。其他品种就相当多了，挖掘机、推土机等等，就是变型产品，类别也比较多。

咱们厂正式上马是1959年，下马时间是1965年年初，没有几年。所以就把天拖分成几个厂，去北京的就是内燃机厂，还有去贵阳的……我一直没什么动静。我们一起进厂的27个人基本走得差不多了。我主要在技术部门，任务比较多。我们再走的话，拖拉机厂就没法干了。那时候在工程研发方面走的人少，因为是搞拖拉机的。走的最多的是原来的设计筹备处，整个变成农机部的第三设计院了。所以我一直就在这个技术部门工作。

我有幸在1961年以专家的身份去埃及，那时候我25岁。3月份，中国国际贸易促进委员会组成一个中国代表团到开罗去参加世界博览会。我们从建设馆，一直到展览、交流、服务，一直到闭馆收尾等等，一年左右吧。有幸在开罗待了一年，对我个人来讲是一个很好的锻炼。因为什么呢？我从进厂以后就没断上学，就在南开中学的业余中学，一直上到高中毕业。这是我个人的事了，跟厂子没啥关系。在那上高中跟日校不同，它只有数理化和政治、语文。普通高中分文科和理科，我们这个只有数理化和政治、语文，没有别的。我毕业以后，感觉跟日校还不太一样。所以，一九五几年我在会计学校上英语班，上基础英语。英语班上完以后，我又考天津市业余艺术学校，考音乐，要多方面去进行锻炼。所以，我有幸跟他们一块出国，就办这个事。当时我们都是抱着一个为国争光的愿望，因为那时还没进联合国，咱们只有跟东欧国家建立外交关系。就为国争光，为党争光。那个时候出去，咱们也宣传建设的伟大成就。1961年正好是十年大庆左右，到那待了一年。从那回来以后，这基本上是就在自力更生，做自己设计的产品。经过几次的技术革命，还有多个产品改进、创新之类的。一直由铁牛-55、铁牛-65到铁牛-80，最后又搞出了110，一直发展还不错。

那么在天拖和美国约翰·迪尔引进技术，我又有幸到德国学习。那一批，去了20多人，是工程师进修培训。后来一共去了9批，我们是头一批，就是工程师培训那一批。去的大部分都是工程技术人员，我就是跟工程师那批去的，而且我时间最长。他们都是高等学府毕业的，唯有我一个是没有正式的大学学历。但是，说老实话，我也没少下功夫，我把大学部分的教材自学了。在德国接受培训。然后，在这个引进技术当中，我写了一篇论文，引进约翰·迪尔的技术。当时的机械部把天拖、长拖、沈拖三个企业连在一起，引进了约翰·迪尔的技术、软件。硬件它不给，机床设备什么都不给，你自个想法子去，光卖图纸给你。就那样子，咱就根据他的图纸试制。通过那两三年试制，咱试制出来的成品完全达到它那个标准。咱那是样机，就是做出来的样子。那么做出来的样子有什么意义呢？就是咱明白了，懂了，将来可以投入生产。

但是那个样机呢，还必须经过德国人认可，它叫OECD，必须到洛阳那去用仪器测验、测量。然后，等于咱们试制成功。那个项目，我那时候一直负责跟着样机。在洛阳，德国专家来以后，咱们一起去

测量，咱们做的那个样机在某些方面强于它，他们当时不信，这是怎么回事呢？你没有智能化的设备，你就完全靠土办法做的。比如说这最主要的那个指标是什么呢？噪音，外边车一响，都说拖拉机来了，蹬蹬蹬蹬。引进技术的拖拉机是静音的，没有什么声音，测量的时候比它的标准还低两分贝。他不信，他说："你怎么会做到这么精密呢？"我在那测一遍，不算，还测他那个，然后再测咱这个，再测那个。他的仪器啊，最后我跟他说："为什么你老测呢？怎么还不信呢？"他说："我没法交代，我要测一遍，回去以后他们也不信，还叫我重来，还不如我就多测几遍。"我告诉他："我测这么多遍，就是这样。"最后就是说，连德国人也是特别对咱们高看一眼。你看长春（长春拖拉机厂）、沈阳（沈阳拖拉机制造厂）都不行了，跟咱还差一大块。

引进技术中液压方面是比较先进的一部分系统，我写了一篇论文，就是咱们自己造出来的这部分零件优于德国。他也认可，也是经过他测试的，不是咱测试。操作条件我们学会了怎样？这个液压系统也是在耕作时候必须具备的。比如说，拖拉机后边带个犁，带着这个那个，全是液压自动的，不靠人，宽窄、薄厚全在里面就给控制了。就是引进这个项目吧，他们不理解怎么回事。最后我还给他们讲解。我说："你们是大量生产，自动化出来零件，我们都是一个零件、一个零件抠出来的。对不对？咱不一样，肯定我们零件不如你。但这种整机比你要好。"他说："为什么？"我给他讲："咱们举一个例子，比方说一个轴、一个孔，它俩需要配合。这两个应该最佳的配合，紧了它不转了，松了它晃荡了。"比如说5微米的话，它是最好，他做呢，只能做到3微米或者8微米，因为他大量生产。咱优选法，大的跟大的配，小的跟小的配，这样的话咱都能达到5微米，比他就精密了。利用这种优选法，克服各种困难。咱也没有设备。就自己做涂色呀，涂工装啊，想办法把拖拉机给造出来了。而且他允许咱生产了，允许挂他那个牌子。迪尔公司的技术，这样在世界上就好卖呀，因为这不是咱自己搞的，是人家的图纸。

那几年我干的就是这种工作。另外还搞了农用汽车，2815是我1993年承担开发研制的。一辆汽车的利润是5000元。一天下来，汽车车间生产几十辆，所以那利润也相当高。利润不说，也给国家解决大问题了。咱国家没有农用汽车厂，其他的汽车下农村下不去。那个时候咱们经济条件也不错。咱们弄汽车还有其他工业变型，做了升级、改造、多用化，做这些工作。

另外，我到59岁的时候，又有幸跟着三峡工贸集团到东欧考察。他们的任务是考察筑拦水坝用的大重型的汽车和高层消防设备。咱厂我跟李永年去的，做过一次考察工作，给咱们建设或者进口提供一些依据。进口也行，咱自己制造也行，提供些依据。

55岁左右的时候，是在1993年还是九几年，那时的机械电子工业部给我评为全国优秀技师。另外还在九几年，得了一个天津市"八五"立功奖章。我与时俱进，特别喜欢这个工作，特别热爱这个工作，所以一直在这基本没动。工作这么多年以来，还是特别欣慰。我也得到了锻炼，也做了点贡献，也得到了一些荣誉。我们设计处下面有一个试制工段。就是上面有什么调整，这下边都是我们去做，出完了样品以后再照着样品做。按现在来说，这应该属于第一生产力。你不设计出来没有那样子，你怎么做出来大批生产呢？当然，当时没有这个概念，认为都是生产出来的。你是做样子的。

天拖一分为几以后，咱们这是底盘总装厂。发动机是北京干，咱这边干底盘，然后凑出来一拖拉机。凑出来还不知行不行，因为他那个发动机是联合收割机，就那康拜因，收割麦子的。那个柴油机，硬要往拖拉机上放，都放不下呀，那太大了。当时我们就想办法，行也得行，不行也得行，别处没有啊。我们当时做完以后，心里也没有底。生产了10台样品。咱们自己装了5台，咱们把5台底盘给了北京内燃机总厂，因为他不放心咱，咱不放心他。咱要说不行，那个你干的不行，不是我们发动机不行。咱不放心他的发动机，咱得自己干，不能把这底盘给他，一家5台。怎么办呢？都做出来以后，去跟咱以前那个拖拉机啊去比较，是好是差。当然它这马力大，应该说比咱那个好，它价格还高。然后呢，怎么叫好，怎么叫坏，必须拿到农民那去试试。那时候咱这天凉了，冻了，耕地耕不动了，都上冰了。做试验人员不足，还从车间又找了一些个人，还有我们的人，我们人肯定不够啊，找车间的人组成一个团队。郭文瑞也去了，带队。到河南许昌，许昌那地方比咱暖和。10月31日左右去的，咱这就要快冷了，快进九了。

我们那时候出差跟现在可不一样，现在出差还有补助，那阵出差，第一先把自己被褥做好了，自己家的被褥，睡觉的被褥，自己家的床单。拿着被褥、床单、毛巾被，准备完以后打着行李，然后我们就去，住老乡家里头，住试验站。31号出发。那阵粮食、油还都凭票了，带着全国粮票。下去以后基本上都得自理，那确实需要克服困难，元旦没歇班没回来，春节没歇班没回来，一直到五一，大伙儿盼得差不多该回来了，还是没回来。住在那就特别冷，那地方跟咱这不一样，没暖气啊。那是暖和点，但是没暖气，更要命了。然后就在那，把那拖拉机几乎快开散了。那人呢，就不分黑白那么干，为嘛呢？干完好回家呀，就是看他到什么时候坏，哪天坏、谁先坏。坏了以后怎么办？这样，然后再通过国家鉴定，这个拖拉机能不能生产。到许昌，科学测量那些数据，测不了。怎么办呢？这拖拉机，我们从许昌开到洛阳。这俩城市不在一条铁路线啊。就爬山过去，到洛阳拖拉机研究所测量各个数据。测量时候啊，整体测量，就整个拖拉机看有多大劲儿，那劲儿够不够。第二费油不费油，温度高不高，响声大不大。要现在的话是排放。这咱不提了。日后不行，还得拆开。拆开以后啊，测量的发动机，哪个跟哪个发动机再比一比，是好是坏，得得到全部数据，上交到部里。部里派下人来会再做鉴定，那个相当于一个国家鉴定了。最后也好，北京也通过了，咱们也通过了，就证明了没白费力气。到天儿热了，好像是六七月份，才全部收摊儿回来，将近一年。我们要去黑白滚呢，就是抓紧时间。春节大伙儿没歇，咱也没有家里人在，歇嘛呢，干脆咱就往前赶吧，就那意思，而且做了各种作业。什么作业？耕地作业呀、耙地作业呀、运输作业呀什么的都做了。就是说那一次，也是天拖用北京发动机，也还不错，最后挺好。

因为这拖拉机以前有自己的发动机，后来下马以后呢。北京内燃机总厂前身是康拜因厂。它出收割机，收割机咱国家还用不上。所以就要把他的发动机跟咱们的底盘合在一起，这合在一起就有两个问题了。它适应不适应咱们？在结合上有什么问题没有？再一个原来咱们这个底盘是45马力，又提高10马力（7.4千瓦），要求内燃机在设计上改变，对吧？这样双方调整，最后能结合起来，这才正式变成了55型。在这个过程中，大家付出的辛苦多了。别说加班费了，什么补贴都没有。没有不算，最后被窝都扔了，都是油的了。

当时咱说是拿全国粮票，你到河南吃不上白面。河南比咱这还苦，他们白面比例低，不像咱天津市，起码有十斤白面粮票，它那没有。有时候上市里去洗个澡，干脆改善改善生活，拿全国粮票到饭馆吃一顿，一看还真高兴。馒头一掰开，一看是棒子面，也有点乐趣吧，也不错。最后把任务还都完成了，而且是国家重点。咱这农机部，有几个大厂，咱这是重点，关键重点。原来在农机部有两个大厂，一个是一拖，也就是那个洛拖，它主要是生产履带的，轮式的就天拖。就我之前讲，想把咱们纳入那个洛拖，纳到一拖变成央企了。天津市不是没同意这个事情么。

抗美援朝加油车。1953年抗美援朝，就是给那个汽车、飞机加油，坑道的通风，充电、给电池充电。我说的就是给战斗机，还有运输车队加油。中央进口苏联的"吉斯-150"。就是咱前一段那个老解放（汽车），四轮解放（汽车）。进口来以后，把零件都拆了。后边装货那个斗都拆了，拆完以后装上大油罐，在锻工那上，锻工那边打的椭圆形大油罐上去。油罐好办，那些仪器，就是怎么加油，怎么安全，好些大管子，给飞机加油那大管子，还有好些个仪器。朝鲜那边冷，还怕冻，要是机油、润滑油，在那个大桶里边儿还得加热，加热还别给弄着了，所以那技术也不是那么简单。那阵拿到厂房去，那汽车没有厂房，我们就在工厂后边的足球场。来了整个汽车，把那后边那箱子拆掉以后，光杆，还能开，开到那后边去。我们在雪地里趴着，拆、改、上的大油罐。等于是军工，直接送到朝鲜，当时就在雪地里干，没办法，雪地干怎么干啊？出不来手啊，太冷了。就是冬天，别管几九啊，就冻上冰也在冰上爬着，弄个小草帘子钻进去。我们怎么办呢？厂子里头有铁，一人做个小炉子，这么大小炉子，那个生，生不着。在车间里生一个大炉子，大炉搁焦炭，焦炭着的时间长，着了以后弄焦炭加到这里边来。自己端着走，搁那个汽车底下，趴底下烤烤手再干，就那样。确实是那阵是比较艰苦的，我对那段是忘不了的。

就是支援前线。另外咱们做的"二六"，这名字叫二六，实际上是两缸六个马力，二六的汽油机。是那个坑道，就是供坑道里边用的，一个是发电、供应电，一个是通信用、发电报，再一个是照明。这个生活用不可能，因为没有这么多电。还用发电的副产品做点蒸馏水，给飞机、汽车电瓶里加水。坑道还必须通风，通风就是得有通风机，也是用咱那个动力，给坑道送风，要不坑道太长，空气不行了。建设坑道的时候，不是挖完就完了，坑坑洼洼的，里边还得施工，得套上泥什么的，怕它塌，还有钢筋什么的。就地取材，在山上把石头弄下来，块儿太大了，多大都有，一个人大的都有。得有碎石机。碎石机看着还挺简单，但是那个力量太大了。它就是这样，像大象的嘴一样，石头搁进去以后，别管多大，嘎嗒嘎嗒嘎嗒，底下有个小缝，碎石从小缝就下去了。我还真去了，安东卫戍区司令部。咱厂里派人去干什么呢？看着有什么故障解决不了的，咱给解决。我跟刘刚俩人去的，到那鸭绿江边。管理我们的是一个大校，两道四个花，就派我们任务啊，干这个干那个。我们去帮他，他挺满意的。最后那个小毛病倒是能修。我们都给它大拆大卸，给他修碎石机，还有其他的机器。内燃机都是咱们厂生产的，不是咱们生产的咱不管。那阵也是冬天去的。咱们军工产品不少，还做二六的发电机设备。军代表老往咱那提货验收，验收交车的时候，大部分我也去。看哪儿不行，给调整调整啊，给服务一下，都一直是去的。抗美援朝这一段，军工咱做了不少东西。后来，备战备荒么，咱还生产高炮配件，就是没公布。他们做了高炮的配件，主要是制动部分，轮子那地方，有一个军工的一个工段。

我们比较留恋新中国成立初期，生产第一辆汽车，生产第一辆拖拉机，那时候真兴旺。五一、十一游行，咱队伍开着拖拉机去，开着汽车去，真好。我们生产和平牌轿车的时候，当时我正在车间工作。只有图纸，没有工艺文件。这个零件拿来了，交给你了，你负责生产。里边牵扯好多工种，怎么办呢？就自己在那瞎琢磨，琢磨完了以后，找几个师傅，大伙在一块研究。生产小组同着大伙一块研究，最后拿出一个口头文件，大伙一块加工。除了上班时间，下班脑袋也在琢磨事，没白天没黑夜的。生产铁牛-40拖拉机时候，我们都不回家，自己带牙刷、毛巾，带粮票，在那黑白地干，确实那样。那时候下来的任务是死的，多少多少台必须得完，完得了完，完不了也得完。那怎么办呢？就连轴转。各单位也到我们那去帮忙，总装生产线帮忙去。连那食堂大师傅都去帮忙搬零件，干这干那的。

咱们和平牌轿车生产了三辆，咱厂留一辆，后来那个就给部里了。后来部里确定咱们就生产拖拉机，不生产汽车了，这样把生产汽车的心里就断了。这台汽车在咱厂里待了好多年。那时有好多领导都抢着那个车坐。那个车跟别的不一样，讲究，像模像样的，而且是国产的，还特别漂亮。和平牌小车真漂亮，那个在当时苏联不是低档车，是中档车，那时的中档汽车就不错了。某某厂长送到北京，送到中南海转一圈。有点可惜，现在天拖也不存在了，没法说。国家领导人都来过，1953年毛主席来过，1958年朱德同志来过，新中国成立初期刘少奇同志来过，后来刘少奇同志在天津搞调研，叫天拖派代表，天拖当时派刘刚去的。刘刚家还挂着照片，跟刘少奇同志照的照片。地震的时候华国锋同志来过，这些领导对天拖特别关心。我去德国的时候，我还到马克思故居去一趟了。

管敏礼 · 简历

管敏礼同志，1938年6月生，系机械制造高级工程师（正高级）。中共党员。1938年6月生于浙江省黄岩县新桥管（今浙江省台州市路桥区新桥镇）。1961年8月毕业于哈尔滨工业大学机械制造系，机械制造工艺、机床及刀具专业。同年10月，由国家统一分配于天津拖拉机制造厂（简称天拖）从事工艺试验、工艺装备及非标准设备的设计工作。1975年至1981年，任天拖厂工人大学和电视大学的专业课教师。1985年年初，任天拖厂副总工程师兼工艺研究所所长。1989年调总工程师办公室，任副总工兼主任。期间主持组织引进美国迪尔公司拖拉机制造工艺的转化工作。参与组织天拖厂"七五""八五""九五"三个五年规划的编制和实施工作。1985年4月至6月，赴联邦德国曼海姆，经历美国迪尔公司的工艺培训。

为了引进西方的先进设备，1990年2月赴联邦德国西柏林、奥地利维也纳考察；1995年3月，赴英国伦敦等地考察。

1999年6月退休。因工作需要，返聘至2013年2月，从事企业迁建的技术工作。

1995年12月，在夏利轿车15万辆扩建项目建设中贡献突出，得到天津市人民政府的表彰；1998年2月荣获机械工业部"从事机械制造工艺工作30年"证书；2009年10月和2012年10月，荣获天津汽车工业（集团）有限公司的"退休职工时尚之星"称号。

管敏礼同志经历了天拖厂的扩建、引进、技术改造和迁建技术工作的全过程，实现了"为国家健康工作50年"的愿望。

管敏礼·所获奖励

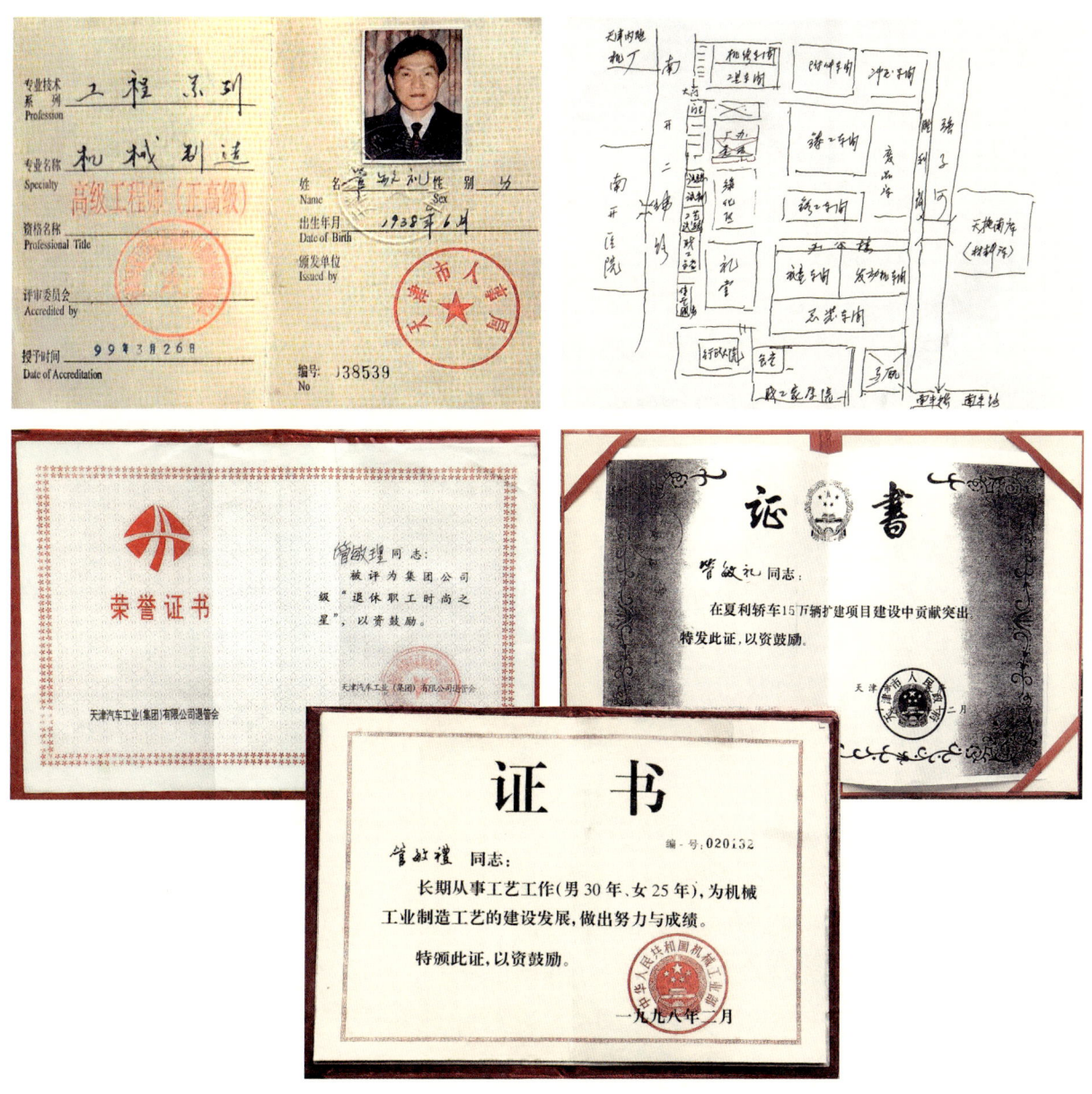

管敏礼·口述录音整理

我是1961年10月，大学毕业后，由国家统一分配来厂。那时候，天拖厂直属于农业机械部。1961年的时候啊，天拖厂址在南开三纬路。后来叫天机——天津机械厂。为什么叫天津机械厂呢？是天拖一分为六的产物。关于天拖一分为六，我以后会谈到。现在，这里已经成为规模宏大的南开医院。

新中国成立前天拖叫汽车制配厂。天拖的历史从1956年的1月1日开始，由汽车制配厂改名为天津拖拉机制造厂，引进苏联白俄罗斯明斯克的轮式拖拉机，多大马力呢？40马力（29.4千瓦）拖拉机。那个时候苏联是无偿援助。现在都讲知识产权，谁白给你图纸？不可能，都要钱的。1958年试制成功铁牛-40拖拉机，商标叫铁牛牌，是全国第一台轮式拖拉机。同时把企业改造成年产5000台铁牛轮式拖拉机的工厂。

当时我国在苏联援建下，已在洛阳建成第一拖拉机制造厂，简称洛拖，年产1万台履带拖拉机。履带拖拉机的适用范围窄，像坦克一样。马路能走吗？不能走，不能搞运输，它只能用于兴修水利、耕作、收割等田间作业。轮式拖拉机呢，范围就宽了。履带能干的我都能干，我还可以搞搞运输，我速度还比它快。农业机械部感觉到天拖是一个非常有希望的企业。因此，在1958年"大跃进"年代，决定将天拖的生产纲领，由年产5000台扩大为2万台，2万台可比洛拖要大一倍。

要扩建天拖，首先是选定新的厂址。当初天津的工业区在哪呢？白庙。你看像天重、锅炉厂等等，基本上都建在白庙工业区。天拖新厂址，最好要与老厂近一些。因为老厂规划今后年产2万台发动机的分厂。因此，白庙工业区不合适。部里边谁来选址呢？张逢时副部长。部长是陈正人，陈正人资格很老的，跟毛泽东主席上井冈山的。你看《毛泽东选集》，那里面谈有陈正人。他是知识分子代表，是一个老革命。副部长张逢时坐着吉普车，由天拖的高级工程师冯燮墀陪同，最后在王顶堤圈了100多万平方米的土地。以前叫跑马圈地，他是开着吉普车圈地。这块土地那时到处是水坑、养鱼池和水稻田。

1958年圈完新厂址土地以后，就委托洛阳农业机械部第四设计院对天拖进行扩建设计。工厂设计有以下几个步骤：

第一步：拟定设计任务书。内容有产品名称、生产纲领、占地面积、投资额度及对设计的要求等等。该任务书要经过农业机械部批准。

第二步：根据设计任务书，拟定可行性分析报告。内容主要是对市场进行客观分析，对投入与产出作经济效益的分析等等，得出该项目可行与否的结论。

第三步：进行扩大初步设计，简称扩初设计。内容有项目名称，有哪些主要车间、哪些辅助车间，以及这些车间的占地面积、建筑面积、设备和基建的投资，最后统计总的占地面积、建筑面积、设备总数及其投资额。总投资不得突破项目设计任务书所规定的笼子。

第四步：根据扩初设计，进行施工设计。这一阶段工作量最大，所有的分项目都要出施工图，每个生产车间、辅助车间及设施都要出平面布置图，标明水、电、蒸汽、压缩空气的坐标点，等等。

为了能顺利投产，大量的工艺文件需要编制，大量的工艺装备和非标准设备需要设计和制造，大量的标准设备需要采购。因此，需要大量的各种专业的工程技术人员。从此，每年有成批的应届的大学毕业生被分配来厂。

我进厂的时候，红旗路新厂已建三年。土建工程到了什么程度呢？46座职工宿舍已经建成。一号楼是咱们的职工医院，二号楼、六号楼、七号楼，都是职工的单身宿舍，那时没人居住，也没有被分配，房子都空着的，因为生活设施都没有，如粮店、副食店、日用百货店都没有，所以无人入住。

什么时候开始热闹起来的呢？这就得说天拖一分为六了。

1964年前，红旗路新建的天拖，我们叫新厂。南开三纬路那边，我们叫老厂。老厂是怎么个情况呢？老厂已经形成年产5000台铁牛-45轮式拖拉机的能力。因此，各工种很齐全，有铸工车间、锻工车间、冲压车间、工具车间和机修车间。还有一个大的综合厂房，综合厂房里边，分为发动机车间、底盘车间和拖拉机装配车间。发动机都是自己配的。那时厂长叫李玉盛，党委书记叫刘寄久。新厂这边呢？机修车间和工具车间已建成，地面水泥地已铺就。冲压车间和锻工车间厂房已建成，地面仍是泥土地。铸工车间柱子立了，顶是空的，四面通风，就是敞着的。机加工和装配车间尚未兴建。当时在全国工业学大庆的感召下，天拖要学大庆，加快基本建设的进度。于是，农机部和天津市，全力支持天拖上马。农机部不惜将开封联合收割机厂下马，把大批工程技术人员和管理干部调来天拖。天津市同样调干部来天拖。天津市调市委书记处书记崔荣汉任天拖党委书记，厂长是李克东。农机部副部长张逢时到天津来坐镇，任天拖上马的总指挥。1964年4月，召开了几千人参加的天拖大会战的誓师大会，从而掀起建设天拖的新高潮。

可是当时的国际形势相当严峻，特别是苏联，对我们虎视眈眈，党中央提出口号"深挖洞、广积粮""备战、备荒、为人民"。因此国防工业和一些事关国计民生的企业，纷纷迁到西南大三线。在这种形势下，要在北方沿海重镇天津兴建一个年产2万台纲领轮式拖拉机的天拖，显然不符合当时紧张的国际形势。于是在当年的第四季度，中央决定天拖下马，把工厂一分为六。这六个工厂分别是：

一、新建的红旗路天拖，一切土建停工。将已建的厂房进行改造，生产纲领降为年产5000台的拖拉机厂。

二、南开三纬路的老天拖，原计划生产2万台发动机分厂下马，改成生产拖拉机液压配件和密封件，改名为天津机械厂。

三、原由天拖生产的发动机，改由北京农机总厂生产，改名为北京内燃机总厂。

四、原天拖部分工具车间的工人、技术干部，迁到贵阳，新建贵阳工具厂。

五、由天拖抽调部分干部和工人，新建成都红旗仪表厂。

六、由天拖机修车间抽调部分干部和工人援建西宁变速箱厂。

下面要谈谈农机部重庆第三设计院建院的事。

上面已经提到，天拖2万台上马的时候，有大量的工艺文件、工艺装备和非标准设备需要编制和设计。由于大批技术干部缺乏实际的工作经验，都是新手，所以设计的工艺文件、工艺装备及非标准设备的可靠性要打上大大的问号。在这种情况下，指挥部决定，这些搞设计的技术干部开赴洛拖，到洛拖现场去。遇到技术问题，随时可到现场学习解决。尽管洛拖的拖拉机是履带式的，但是拖拉机的零件，如箱体类、盘套类、轴类、齿轮类及杂件类的零件的工艺过程、工艺装备和非标准设备都是相同的，可以借鉴、启发和学习。洛拖的全套工艺、工装及非标准设备的图纸，都来自苏联，这在当时还是比较先进的。因此农机部要求洛拖腾出一座三层小楼，成立一个名为"天拖现场设计室"的单位。成员一百多位，全部是天拖的技术干部。他们住哪呢？洛阳饭店整层包下来。待天拖下马后，就在这个洛拖"天拖现场设计室"的基础上，成立了农机部第三设计院。院址先在重庆的涪陵，后来由涪陵迁到重庆市内，命名为机械部第三设计研究院。咱们天津是五院，洛阳是四院，一二院是搞汽车的，三院主要是搞工艺装备、非标准设备的设计，四院是搞拖拉机的工厂设计，五院是搞农业机械的工厂设计。所以，咱们厂"七五""八五"规划都是洛阳四院来做的。

下面谈谈我在天拖的经历。

我刚进厂，分配在工艺处的工艺实验室，搞工艺试验。第一个实验项目是部管项目，题目是"油泵齿轮的珩磨试验"。该工艺是新工艺，主要是提高齿轮的精度和表面光洁度。它是农机部给的试验经费。跟谁合作呢？北京农业机械化科学研究院。项目的工艺试验都是在我们天拖进行，他们没这个条件。我们有试验零件，有设备，他们没有。这个项目还是有成果的，试验论文1964年4月登在《农业机械》杂志上。"文革"前，我们又搞了一个"尖齿花键的滚压试验"。从非渐开线齿形滚轮的设计、滚轮的制造，一直到工艺试验，非常成功，大大提高了生产效率。《尖齿花键轧辊的设计与计算》这篇论文，就作为我正高工评审的论文之一。

1964年年底，2万台下马后，天拖党委书记改为李超，后来由朱之行取代。厂长改为王刚。朱之行系军队师级领导干部转业来的。"文革"期间，选为革委会主任。王刚被打倒，他后来调市生产指挥部。1966年6月，我被下放到金工车间，当了车间工艺员。那时候金工一共分四个车间，我分在金二车间技术组。在这期间与工人同志结合，共同搞技术革新，前后搞了一台六轴螺母攻丝机和半自动螺母倒角机，解决了影响生产效率的瓶颈工序，得到了大家的好评。我的业务水平也因此有了很大提高。

20世纪70年代初，部里决定，天拖的生产纲领由年产5000台提高至1万台。当时已研发成功铁牛-55。党委书记是张维汉，厂长是冯培昌。此扩建的主要内容是新建机加工、热处理和总装的联合厂房以及新铸铁车间。建筑面积共1.5万多平方米。同时，完善冲压车间、锻工车间和铸造车间。此改造项目的设计工作，由机械部天津第五设计研究院负责。为此，厂里成立扩建办公室。我被调入扩建办公室。后因工作需要，派我到新铸铁车间从事大箱体造型机的设计。1974年4月，设计工作完成后，我被调到新成立的厂"七二一大学"任专业课教师。第一届厂职工大学生三年毕业后，又招了第二届。该届学生转入电视大学。电大只授基础课和部分专业基础课，专业课由我们来传授。学制改为三年半。因此，我在厂职工大学共待了六年半时间。在工人大学和电视大学，我所承担的专业课有三门：金属切削原理、金属切削刀具的设计、计算和机床液压传动。

回忆这六年半的经历，我收获颇大，终生难忘。我深深体会到，自学和讲课，两者有着本质的区别。前者可囫囵吞枣，可是上台讲课则必须把所有概念搞得清清楚楚，不得有半点马虎，不能误人子弟。因此需要花很大的力气备好课，需要参考大量的书籍和资料，真是台上一分钟，台下十"分"功。

我的学生，有的年岁比我大，参加工作比我早。但是，他们有着丰富的实践经验。学习专业知识，往往一点就通。教学过程，抓住这一点，就非常重要。教学相长，相辅相成，很有道理。教学是一门艺术。

我在厂职工大学六年半的任教后期，党委书记改为冯培昌，厂长钱端有。厂里的基本建设，也有了新的进展。此时机加工车间、热处理车间及总装车间的联合厂房，都已建成投产。其余如冲压车间、锻工车间、铸工及齿轮车间已经改造，也已投产。新建的铸工车间，后桥箱体铸造是自动线，已安装调试。已经形成年产万台铁牛-55的能力。

党的十一届三中全会后的1980年，党的知识分子政策落实，我被提拔为质量检验处副处长。1982年调至总工程师办公室，任副主任，主管全面质量管理。

以下谈谈引进美国约翰·迪尔公司（简称迪尔公司）拖拉机的先进技术的过程。

自20世纪80年代初，为提高国产拖拉机的性能，满足市场的需求，机械工业部（此时农机部已并入）农业机械司，决定引进西方先进的拖拉机技术，并成立了引进办公室。由引进办公室牵头，洛阳拖拉机研究所、中国农机化研究所、沈阳拖拉机制造厂、长春拖拉机厂和天拖厂派出代表，组成联合考察组，对日本、意大利、联邦德国及美国的拖拉机行业进行考察与谈判。最后决定与美国的约翰·迪尔公司签订引进技术合同。

所引进迪尔拖拉机系列，其机型为4450（160马力，117.7千瓦）、3140（100马力，73.6千瓦）、2140（80马力，58.8千瓦）和1140（50马力，36.8千瓦）。天拖、长拖、沈拖三厂引进的机型分工为：沈拖4450系列；天拖2140、3140系列；长拖1140、2140系列。由迪尔公司提供三个厂各种机型的样机和全套的产品图纸、工艺文件、工艺装备图纸和非标准设备图纸。迪尔公司负责对三个厂的技术人员进行培训。我知道天拖分得每月110人的培训指标，即110人培训一个月。引进费用由三个厂按比例分担。

1985年年初，为了消化吸收所引进的迪尔技术，厂里对技术口进行改制，成立技术开发部，下属两个研究所，即产品研究所和工艺研究所。此时党委书记是杨德铭，厂长是唐本耀。我被调到工艺研究所，任副总工程师兼所长，主要任务是负责迪尔技术的工艺转化，也就是利用厂里现有设备，设法加工出迪尔拖拉机的零件，装配出迪尔拖拉机。当时厂产品研究所已完成迪尔产品图纸的转化工作，并试制成功样机。当时工艺研究所拥有技术干部百余人，其组织机构除行政组外，设有综合技术组、工艺装备设计组、非标准设备设计组等。

1985年4月至6月底，我和24位工艺技术人员，参加由机械部农机司组织，与长拖一起的工艺培训队，赴联邦德国的曼海姆迪尔拖拉机厂进行工艺培训。到迪尔拖拉机厂后，才感到我们工厂设计的理念与西方是完全不同的。他们工厂的规模是小而精，主要围绕装配车间，凡能外协的部件，都由专业厂来制造。如前桥系统、液压提升系统等部件，都由专业厂来提供。自制的机加工零件，均是关键零件，如传动箱壳体、离合器壳体等。其铸件、锻件毛坯，由专业厂外协，这样大大减少资金的投入，也缩小了企业的规模，因此工种单一。这种理念与我们大相径庭。我们国内工厂是大而全，工厂的工种十分齐全，如长春第一汽车厂、洛阳第一拖拉机厂等无一例外，铸造（含铸铁铸钢）、锻造、冲压、热处理等包罗万象。其投入与规模，可想而知。其部件的质量也不如专业厂来得高。这主要受制于我国当时的工业水平。因为工业落后，无专业工厂可以供货，无奈只有自己来解决，大而全不可避免。只有专业厂发展起来，如铸造厂、锻造厂、冲压件厂、传动箱厂、前后桥厂纷纷建成，那小而精的企业才会应运而生。在培训过程中，我们学习到许多新的工艺知识，学到了工艺装备及非标准设备中非常巧妙的结构。因此，收获颇丰，一一记录在培训日记中。该培训日记，存入厂技术档案室。

培训回来后，工艺所的工艺转化工作全面铺开。由综合技术组将千余种零件编制的工艺路线输入计算机中。通过微机软件，派生出外协件清单和各分厂自制件清单。主管各分厂的工艺员，接到所属自制清单后，根据我厂现有设备条件，编制工艺过程卡及工序卡，提出工艺装备及非标准设备的设计任务书，由综合技术组计划员安排设计。把任务落实到人，按工时进行考核。

在此期间，铁牛产品也由最早的铁牛-45，成功地开发出铁牛-55、铁牛-650、铁牛-654、铁牛-800、铁牛-804等系列产品。铁牛-654即65马力（47.8千瓦）四轮驱动，铁牛-854即85马力（62.5千瓦）四轮驱动。

1989年，又把我调回总工程师办公室任副总工兼主任。厂改制成天津拖拉机制造有限公司。总经理是陈维祥，党委书记是郭文瑞。此时天拖已并入天津汽车（集团）有限公司。当时的主要任务是落实"八五"计划。其生产纲领要形成年产千台的迪尔拖拉机，3000台铁牛-800拖拉机及6000台铁牛-650拖拉机。此次的改造设计，由机械部洛阳第四设计研究院负责，新建了3600平方米的新产品车间，购进联邦德国和苏联先进的大型加工中心，这些使得我厂的机加工水平上了一个新台阶。

再谈谈与美国迪尔公司合资的事。

1998年8月22至23日，迪尔公司副总裁来厂参观。我估计他是经机械部农机司同意的。参观后的第二天，他就提出与天拖合资的意向，说天拖是我们的老朋友了。因为天拖引进的就是迪尔系列产品，消化吸收快10年了。他参观了厂所有的车间，甚至木型车间都去了。他提出了合资的初步方案：总投资3300万美元（那时美元对人民币的汇率是8.7）。迪尔公司要控股占60%。他投资多少钱呢？2000万美元。天拖占40%，投资1300万美元。合资以后现有的厂房租赁给合资企业，铁牛商标等无形资产折价入股。以这种方式来进行合资。这是8月23日迪尔公司提出的方案。因为当初咱们思想不解放，部里就不同意，不允许美方控股。他提出这个方案以后，天拖马上在外经处，成立一个合资企业筹备组。此时的总经理是杜允中。

1996年6月18日，市计委（天津市计划委员会）副主任林洪增，还有汽车总公司的周正和副总经理，陪同迪尔公司的副董事长又到天拖。从这时候开始，进入正式谈判。谈判开始的时候，由杜允中总经理带队，到设在北京凯宾斯基大厦的迪尔公司总部谈。后来天津、北京来回谈。直到2000年的8月份，谈判结果是总投资2099万美元，天拖占49%，迪尔公司占51%。合资企业名称为约翰·迪尔天拖公司。董事长由天拖杜允中出任，总经理跟财务主管，由迪尔公司出任。合资企业租了咱们的厂房，预计前五年基本上亏损的，后几年才有盈利。由于总投资在3000万美元以内，项目报经天津市发改委批准即可。

最后，谈谈我退休后的返聘工作。

我生于1938年6月，本应于1998年6月退休。由于工作需要，延聘至1999年6月。后又被天拖母体返聘。这期间主要从事"战略东移"工作。所谓战略东移，是天津市政府2002年提出，要求企业东移至泰达开发区。盘活红旗路这百万平方米的土地。开始的时候，东移划拨的区域为泰达开发区的西区，规划天拖母体、迪尔天拖合资公司及汽车公司的美亚，三家建在一起，但是工作进展缓慢。直至2005年11月15日，汽车公司董事长张世堂来到天拖母体宣布，天拖与美国迪尔公司终止合资、清算。各自组织迁厂。

此时，天拖母体公司的总经理为温辉，党委书记为张勇。为了战略东移，成立了东移办公室。本人在东移办公室，参与项目的技术工作。经过温辉总经理等对静海和宝坻的考察，决定把天拖新厂建在宝坻九园开发区，也叫低碳开发区。宝坻区政府开出的优惠条件是，占地46万平方米，价值1.02亿元免交。项目总投资7亿元，邀请机械部天津第五设计研究院搞工厂设计。

经过几年的基本建设，建成具有年产拖拉机（铁牛-650）9000台，年产水稻收割机、玉米收获机及小麦收割机共6000台能力的工厂。2013年3月，项目顺利地通过了天津市发改委组织的验收。从此，1956年成立的天拖厂，成功地迁至宝坻低碳开发区。

由于时间的流逝，记忆越来越淡薄，所谈的内容，错误之处，在所难免，见谅！

吴敬群 · 简历

1940 年 5 月　出生

1958 年 9 月至 1964 年 9 月　清华大学学生（六年制）

1964 年 9 月至 1982 年 11 月　天拖设计科技术员

1982 年 11 月至 1983 年 12 月　"80 马力"设计组组长

1983 年 12 月至 1985 年 9 月　设计科副科长

1984 年 9 月至 1984 年 11 月　赴德国培训

1985 年 9 月至 1986 年 12 月　设计科主任设计师

1989 年 1 月　获得高级工程师职称

1986 年 12 月至 1990 年 12 月　天拖产品研究所主任设计师

1990 年 11 月至 1998 年 3 月　天拖产品设计处副处长

1990 年开始连续 20 年任中国拖拉机学会委员、理事

1990 年至 2004 年　南开区第九、十、十一届政协委员

1998 年 3 月至 2000 年 8 月　天拖副总工程师

1999 年 3 月　天津人事局批准为正高级工程师

1999 年 6 月至 2003 年 6 月　中国农业机械学会委员

2000 年 8 月至 2012 年 5 月　约翰·迪尔天拖有限公司产品总工程师，2012 年合资企业解体，5 月 26 日办理退休

2012 年 5 至 2017 年 7 月　宝坻区天拖厂任总工程师，仍负责产品设计开发工作

从 1964 年至 2017 年，53 年一直在天拖工作

1976 年、1978 年、1979 年、1985 年、1988 年被评为厂级先进工作者。

1979 年被评为拖拉机公司先进工作者。

1987 年获得市总工会"七·五"立功奖章。

1988 年被评为汽车公司先进工作者。

1994 年被评为公司级优秀工作者（一等奖），获天津市优秀新产品一等奖证书。

1997 年获得公司级优秀专业技术人员称号。

1999 年享受国务院政府特殊津贴。

2006 年被评为天津市劳动模范。

2008 年被评为天津市劳动模范。

工作业绩

一、1964 年至 1982 年的工作

在设计处任技术员，在此期间参加了以下工作。

1.1964 年 9 月至 1965 年 10 月在设计处实验室劳动，和工人师傅一起干活，其中包括去河南许昌做田间使用试验。

2. 参加铁牛-55 装载挖掘机的测绘、设计、试验，该机于 1968 年 9 月通过八机部和建工部联合鉴定。天拖将图纸资料转让给北京建筑机械厂，批量生产。

3.1970 年借调到市机械局，为天津生产飞机（小型运输机）做准备工作，后去江西南昌洪都机械厂工作了 3 个月。

4.1971 年和 1973 年受厂委派两次赴广交会，经营农机和拖拉机的有关展览、表演、技术座谈。

5.1972 年参加加拿大展览会，作为农机部选派人员，受顾加拿大小型装载挖掘机展台，以讲解员身份深入了解国外该机型的情况。

6. 参加铁牛-60 拖拉机数轮改进设计和试验，该机于 1975 年通过国家鉴定。

7. 参加对国外样机 UT3-800DT（罗马尼亚）、万国 844S（美国）、迪尔 3130（德国）拖拉机变速箱测绘工作，并写出结耕分析报告。

8.1975 年参加与英国哈丁·司皮斯公司举行的关于动力输出轴和安全器的座谈交流。

9. 做职工的培训教师，1977 年、1978 年、1982 年给学员上机械制图和画法几何课。

二、1982 年至 2000 年的工作

1. 1982 年任设计组组长，主持 80 马力（58.8 千瓦）拖拉机的设计、试制、试验工作，经过近两年的努力，拖拉机长期可靠性试验即将完成时，引进国外拖拉机的工作开始了，自行设计 80 马力拖拉机停止了。

2. 1984 年在农机部直接领导下，由洛阳拖拉机研究所牵头，组织天拖、长春拖拉机厂（简称长拖）、沈阳拖拉机制造厂（简称沈拖）引进美国迪尔拖拉机。沈拖引进迪尔 160 马力（117.7 千瓦）拖拉机，天拖和长拖引进当时在德国生产的中马力拖拉机（50～100 马力，36.8～73.6 千瓦），从此开始了迪尔拖拉机的转化、试制、装配和试验工作。但因当时我国的工业基础太弱，实力不足，没有成功，导致长拖、沈拖因此破产解体。

3. 在引进迪尔产品工作停止后，重新启动自己的 80 马力拖拉机工作。该机于 1996 年开始生产，成为天拖生产的主要机型之一。

4. 1988 年开始主持设计了 7C-7 挂车，该挂车载重量为 7 吨，当年投入批量生产。

5. 铁牛-55A 拖拉机：7C-7 挂车作为农村运输用载重车，它需要拖拉机来拖动，原拖拉机作为农业作业最高速度 23 公里每小时，已足够，但作为运输作业用速度太低，效率不高。在保证田间作业的基础上，最高工作速度提高到 38 公里每小时的拖拉机出现了，命名为铁牛-55A 拖拉机。

6. 超低速减速器的设计：拖拉机田间的作业速度最低在 2 公里每小时就可以了，但有些特殊作业如开沟、种植、修理路面要求更低的作业速度。为适应特殊作业的需要，开发了超低速减速器，拖拉机装上该机器后最低的工作速度可以做到 0.1 公里每小时。

7. 应北京建筑机械厂要求，对铁牛-55C 拖拉机传动系进行改进设计，用于该厂压路机的传动机构，1986 年经 800 小时工业性试验通过鉴定，并用于该厂产品上。

8. 4LW-3 型芦苇收割机的设计：4LW-3 型芦苇收割机是与辽宁锦州芦苇研究所合作研制的，我们提供主机，研究所提供收割台装置。采用该机作业，大幅度提高了劳动生产率，一台机械可替代 168 人的劳动量，深受欢迎。

9. 背负式棉花收割机：1998 年与中国农业科学研究院合作开发了背负式棉花收割机，并由新疆十月拖拉机制造厂生产，投入新疆棉花收获作业中。

10. 农用汽车的开发：主持利用天津 130 汽车底盘，换装柴油发动机，开发出农用汽车。它是天拖汽车分厂的产品之一。

11、2000 年合资前天拖已形成以 55 马力（40.5 千瓦）、60 马力（44 千瓦）、65 马力（47.8 千瓦）、70 马力（51.5 千瓦）、75 马力（55.2 千瓦）、80 马力为系列的轮式拖拉机生产基地，是我国轮式拖拉机的龙头企业。铁牛牌拖拉机性能好、皮实、耐用，在我国农民心中已扎下了根，成为著名的品牌。

三、2000年以后的工作

2000年8月天拖和美国迪尔公司联合组成约翰·迪尔天拖有限公司。合资成立后，100马力以下的产品仍采用铁牛拖拉机，120马力（88.2千瓦）的产品采用美国的阿波罗拖拉机。合同规定用谁的产品谁就能得到销售额3%的回报。合资两年后铁牛拖拉机年产量达1万多台，每台的价格在7～8万元，这样老天拖就有2000多万元的收入，日子很好过。

美国迪尔公司在塘沽成立了拖拉机研发中心（CEC）。他们经过几年的工作，引进了印度生产的S型拖拉机，想用来替代铁牛产品。我们在厂内的产品设计人员就是要保证铁牛产品能有长期的生命力。为了铁牛产品不被S型拖拉机代替，我组织了设计人员，吸收了同类产品的优点，并结合厂内的生产能力，设计出有全新的传动系结构的新型80马力拖拉机，后经台架试验和长期田间使用试验的考验，推出了铁牛-804拖拉机（NTN804）。

合资企业在今后的生产中用铁牛-804还是用S型拖拉机呢？这在合资企业中引起巨大的争议。

2009年，在美国人的组织下，这两种同一马力拖拉机，在哈尔滨郊区进行了田间作业的对比试验，铁牛-804拖拉机取得了绝对胜利，赢得了在合资企业继续生产的权利，保住了中方在合资企业中的利益。

铁牛-804拖拉机直到现在仍然在我国的田地中忙碌着。

吴敬群·口述录音整理

我是1958年考入清华大学，学的是汽车拖拉机专业，我们清华大学当时学制六年，1964年正式毕业。毕业后正好赶上天津拖拉机厂（即天津拖拉机制造厂）建立新厂，这个新建厂官宣是亚洲最大的拖拉机厂。我毕业后分配到天津拖拉机厂，当年我们设计处就直接分配来了30多名大学生。全天津拖拉机厂来了有100多名大学生。当时天津拖拉机新厂已经建了好几年，还没有完全建好，当年的天津拖拉机厂坐落在长江道。我分到设计处，主要负责研发拖拉机产品。

那时候天津拖拉机主要生产铁牛40马力（29.4千瓦）拖拉机。铁牛40马力拖拉机是完全从苏联引进的。所有的图纸资料都是苏联无偿提供，是白俄罗斯明斯克拖拉机厂产品，产品名称叫铁牛-40。我当时还没有到厂上班，听老同志介绍1958年就生产出厂，这是咱们中国第一台轮式拖拉机。产品生产以后，质量上存在问题，如曲轴折断这些比较大的问题，后来停产整治。

当时全国都在工业学大庆，农机部决定学大庆要在天津建个大厂，厂子规模很大很大，所以需要大批的学生，我们毕业就分配过来，听老同志们讲，天津拖拉机新厂建设的时候，薄一波、陈正人等领导都在帮助选址。最后选址在天津红旗路，当时周边都是整片的稻田，垫地的土都是从静海唐官屯用火车运过来，从1959年开始建设一直到1965年。因为长江道上的厂区日伪时期就存在，比较有名。1953年的时候毛泽东主席也到过厂里，周恩来、朱德、刘少奇等老一辈领导也都关心天津拖拉机厂的发展。天津拖拉机厂日伪时期被称为汽车修配厂，1956年更名为天津拖拉机厂，1965年新厂建成后，我们整体搬到红旗路厂区，还建了天拖大楼，当时红旗路是很窄的一条路，只有两个车道，都是水泥路，不像现在这么宽阔。

我一直在天拖厂设计科工作。当时天津拖拉机厂有近万名职工。在1965年年底1966年年初的时候，天津拖拉机厂一分为六，分别迁到西宁、重庆、成都、贵阳、长沙等地，分开后天拖是这六分之一中最大的部分，好像还有8000名员工，在天津市也是很了不起的大厂。我们设计处原有新来30多名大学生，调走部分去支援内地，最后包含我在内留下不到10人。从那个时候开始，我就一直在天拖工作。到2000年的时候，天拖跟美国迪尔公司合资，迪尔公司的股份是占51%，天拖占49%，那一年我正好60岁，应该退休，但是美国人认为我还有利用价值，就没让我退休，留下来继续工作，一直工作到2012年。2012年天拖与美国迪尔公司终止合资。其原因是天津拖拉机厂在市里，对周边环境和交通影响都不好，因此决定工厂外迁。天津内燃机厂、汽车厂都搬到郊区，唯独天拖搬不了，主要是因为美国迪尔公司不同意，"刚合资就让我搬家"，最后反复谈判，于2012年达成共识，给美国迪尔公司补偿，终止合作。天拖在宝坻区建新厂。美国迪尔公司在塘沽开发区十三大街建独资厂，也是生产拖拉机。所以我在2012年才正式退休，我的工龄比较长，共48年。退休以后老天拖厂长找我，还想让我继续帮他们一起研发、设计产品，然后我就答应了，又去宝坻天拖新厂工作，一直干到2017年的时候，那时我已经77岁。

我国第一台轮式拖拉机，是天拖生产的。当时40马力的拖拉机只能耕地使用，并且使用起来非常不方便，农民很辛苦，因为拖拉机在前面跑，后面还要拉农具，农具还要配农机手操作。拉犁耕地时尘土飞扬，农机手负责扶犁的同时还要负责提犁，并在尘土中作业。最后农机手和拖拉机手都很辛苦。当时的拖拉机跟汽车一样就五个排挡，最高的速度是13公里每小时，排挡从6公里到7公里、8公里、9公里、13公里。1965年天拖开始生产铁牛45马力（33.1千瓦）拖拉机，使用的是苏联明斯克拖拉机厂图纸，他们刚生产出45马力拖拉机，就将图纸无偿援助给我们天津拖拉机厂，我们就按照这个图纸生产。铁牛-45的挡位增加到10个，增加了减速器，速度翻了一倍，最高的速度是23公里每小时。当时全国的拖拉机厂没有私营的，都是国营的。上海50马力拖拉机，洛拖的轮式拖拉机和履带式拖拉机。轮式拖拉机，当时天拖应该是全国第一，洛拖和天拖比还是有差距，它主要是生产履带式拖拉机。沈阳有拖拉机厂，也生产40马力的拖拉机。长春有拖拉机厂，生产28马力（20.6千瓦）的拖拉机，牌子叫千里马。江苏有拖拉机厂，叫清江拖拉机厂，生产50马力的拖拉机。全国就那么几个拖拉机厂，属铁牛是最有名，因为铁牛重，牵力大。所以说天津铁牛拖拉机是农机行业的一个金牌、一个品牌。我们厂生产的铁牛拖拉机质量好、皮实，所谓皮实的意思就是质量可靠。当时的拖拉机还不是电启动，是小汽油机启动，小汽油机转着了，然后再把拖拉机启动。因为农村用电受限制，所以小启动拖拉机比较受欢迎，质量也好。后来咱们自己设计的拖拉机，设计到60马力，设计到80马力，这种老式45马力拖拉机我们改成55马力。

拖拉机生产的时候，老天津拖拉机厂所有产品都做，连发动机都自己做。这就是所谓苏联的模式，也叫"大而全"。新天拖也是按照"大而全"设计的，天拖有厂子，有医院，有学校，天拖子弟小学在天津市南开区很有名。医院也有，技校也有，天拖相当于一个大社会。现在感觉苏联的"大而全"模式不怎么太好。后来跟美国合资以后，我觉得美国"小而全"模式比较好。它是小而全，自己生产拖拉机，只负责装配拖拉机，其他的零部件如发动机、齿轮等分别到专业生产厂去购买。这样投资少，只负责组装，强项由自己生产，其他依靠社会力量组织，这个方法应该是很好的，现在的拖拉机企业基本上都按照这个思路进行生产。当时我们天拖都是自己生产全套的。生产铁牛55马力拖拉机时，就使用北京内燃机总厂的发动机。后来慢慢地发动机选择就多了，有潍坊的、南昌的，分别为60马力、65马力、70马力、75马力，一直到90马力（66.2千瓦）的拖拉机，都是外厂提供发动机。天拖合资以前基本上就是这样的情况。

  天拖除了生产拖拉机以外，也做了一些变型产品。原来拖拉机主要是农村耕地使用。第一个变型就是跑运输的拖拉机。当时在农村都是使用马车或者人拉的车，能用拖拉机拉着拖车跑运输就很了不起了，所以我们就研发了运输用的拖拉机。跑运输的拖拉机速度不能慢，否则效率就不高，所以我们把速度重新设计，提高到38公里每小时，这样拖拉机车效率就提高一些。当时我们还配套了7吨的自卸拖车，也就是可以拉7吨货物。在农村的道路上运输，它能够挂三四个拖车，就像火车一样在马路上跑。因为拖拉机本身就重3吨多，比其他拖拉机马力大，重量重，潜力就大，所以拉的货就多，特别受欢迎。

  第二个变型是拖拉机前面能装载，后面能挖掘的铁牛-55装载挖掘机。现在全部使用专业化的机器，当时都是我们在拖拉机上面进行改造。我们在北京参观十二国展览会，看到各国各式各样的农机产品，眼花缭乱，受到启发。英国有个农用机械叫205X，我们拿到以后就测绘。在农业机械部的带领下，洛阳由洛阳拖拉机研究所牵头，天拖在铁牛-55基础上搞研发，洛拖在40马力机上搞研发，然后我们一起做试验。最后结果，洛拖40马力拖拉机失败了，因为他们的拖拉机本身就小而轻，重的工程机装上就压垮了。铁牛改造以后成功了。1967年，我们去内蒙古呼和浩特做试验，轰动整个呼市。我们天拖的前装载、后挖掘的拖拉机在马路上跑，被好奇的交通警察拦住，因为他从来没看过这种机械车，就在十字路口跟我们交流起来。在当时，装载挖掘机是新鲜事物，很受欢迎。内蒙古革命委员会领导很重视，要在内蒙古掀起技术革新、技术革命的高潮，以装载挖掘机试验成功名义在呼和浩特市开大会。有主会场，还有分会场，我们几个人就像大明星一样和内蒙古的领导一起开大会，看呼和浩特市乌兰牧骑文化工作队的演出。国家建筑工程部想跟我们一起合作，希望天拖厂生产装载挖掘机。由于天拖主攻是拖拉机，没有同意。建筑部只能自己组织生产，依托北京华北金属结构厂，它主要生产钢架结构，让他们专门生产装载挖掘机。我们把装载挖掘机整套图纸都交给他们。过程中我去很多次，帮助他们解决图纸、生产等问题。后来它改名为华北建筑机械厂，专门生产装载挖掘机械了。

  第三个变型是芦苇收割机。我们跟辽宁省盘锦芦苇机械研究所合作，他们负责收割机械，我们负责为他们配套拖拉机。芦苇收割机很受欢迎。盘锦有很大片的芦苇地，芦苇可以造纸使用。冬天，如新疆棉花收割时，全国很多地方尤其四川、河南等几十万农民工去收割棉花。盘锦芦苇收割时，就像辽沈战役一样，都是民工驾马车，好几十万人在那收割芦苇，特别需要机械收割，一次可以替代一百多人。因为芦苇很高，如果正常拖拉机在地里工作就看不见路，我就采取把拖拉机加高并倒着开，速度放慢，这样拖拉机就需要有两套操作系统，芦苇地需要一套加高后倒开系统，在马路上正常驾驶速度太慢不可以，切换到原来正常的位置使用。这就是拖拉机向专用收割机械变型。

  20世纪80年代、90年代，收割玉米，收割小麦，咱们国家没有专用收割机械，又买不起国外产品，于是天拖自己研究。在原有拖拉机上，加挂收割机械的装具后就可以收割玉米和小麦。试验成功后，天拖自己生产玉米收获机、小麦收割机，销量都很好。我们还研究超低速减速器拖拉机，速度很慢，比人走路还慢，一小时走一百米，主要运用在修马路、修地面、挖沟方面。特别是挖下水道，很窄的沟，1米多深，工人下不去，就使用超低速减速器拖拉机。用挖铲慢慢挖，机器不能走得很快。用动力输出轴给出动力挖掘，控制速度100米每小时，让机械边走边挖。在当时，天拖的变型拖拉机发挥了很大的作用。

1976年地震后，我驾驶着拖拉机在天津市的马路抢险救灾，帮助搭建地震棚。地震棚是自建的土房子，用围杆搭建，然后抹上泥，屋顶上面还要铺油毡。在红旗路上挖土后，我就驾驶着拖拉机往搭地震棚的同事家里送，当时拖拉机是可以上路行驶的。

后来天拖还生产农用汽车。我的顶头上司纪学徽处长负责筹建汽车公司，建立夏利汽车厂。后来夏利与中国一汽合资。夏利汽车厂当时很有名气。天津市生产大发面包车、韩家墅的130卡车，我们天拖也开始生产农用汽车和大发卡车。我们生产的农用汽车是用130汽车的底盘，汽车使用汽油发动机，而农用汽车使用的是柴油发动机，我们把发动机改成柴油的，再把底盘加固，可以给农村使用。天拖还生产大发卡车。

后来天拖日子越来越难过。拖拉机属于支农产品，由国家定价。2000年以前，拖拉机两三吨重，都是钢材，定价在1.5万元。夏利汽车，四个成年人就能抬起来，但它由市场定价，售价好几万，比铁牛要贵很多。当时全国拖拉机厂的日子都不好过。我国拖拉机定价都很低，定价高农民根本买不起。20世纪八九十年代，吃大锅饭，无论企业的好坏，全国各地工资都一样。企业有自发权利后，盈利高就可以涨工资，当时拖拉机厂没办法与汽车厂相比，工资差别很大。人们就跟农业部提建议，可以借鉴国外经验，给予农机产品补贴。后来，农民再购买农机时，国家发放补贴，拖拉机经过北京鉴定总站验收合格就可以进入补贴目录，购买此产品可补贴三分之一的资金，这样拖拉机厂才稍有好转。没有补贴时工厂亏损，连工资都发不下来。

天拖生产拖拉机，是支农产品，利润很少，设备需要更新。国家已经不给投资，困难很大，只有靠自己的力量，于是召开全厂中层领导大会，研究讨论天拖下一步的方向，选择之一是跟国有企业洛阳拖拉机公司合作，选择之二是跟美国约翰·迪尔公司合作。最后在2000年的时候，与美国约翰·迪尔公司签下合资的协议。美国迪尔公司的产品高档、价格贵，中国的农民买不起外国的拖拉机。在合资前，美国迪尔公司调研了整个中国市场，因为价格便宜农民只买国产拖拉机。天拖的铁牛拖拉机，被约翰·迪尔公司认可。与天拖合资初期，还保留铁牛拖拉机作为合资企业的产品生产。天拖铁牛产品有铁牛-55、铁牛-60、铁牛-80，后来慢慢地融入美国迪尔的产品。我当时也被约翰·迪尔天拖公司留下，继续研发产品。迪尔天拖合资公司带走三四千员工。老天拖留下两三千人，其中大部分员工拿了安置费买断或者内退，只留一些人收尾，日子过得挺好。因为合资时提的条件非常优惠，凡使用

天拖的产品要给销售额 3% 提成。换句话讲，老天拖人就是有 3% 的收入，合资企业如果生产 1 万台拖拉机，就有两三千万收入，挺可观的。后来美国人慢慢地把自己的产品引进来，美国人的利润就提高了。

合资前的天拖每年跟国家工业部各有关专业单位都有联系，合资后美国商人不跟政府相关部门联系。2005 年，农业部下发文件规定滑动齿轮换挡的拖拉机不允许销售。我们都不知道这个文件，接到文件后美国人着急了，因为合资企业铁牛有上万辆的拖拉机库存，不能享受补贴意味着就卖不出去。美国人赶紧让我们赴北京与农业部沟通协调。当时农业部总工程师张铁军接待我们，他说："铁牛拖拉机在全国都是数一数二，不让你们销售拖拉机不是农业部的初衷。但是文件已经下发，不能推翻，也不可能更改。你们为什么不早联系。"我跟张铁军说："滑动齿轮换挡是落后了，现在啮合套换挡就两个优点，一是可以不停车换挡，但滑动齿轮换挡也是能做到，离合器跟油门把速度配合好，老司机都没有问题。另外一个优点是，它有倒撞齿和凸凹齿，主要是防掉挡的系统，有这个系统不掉挡，但我的铁牛拖拉机有强制防掉挡系统比他们更强。"张铁军听完以后说："吴总，您分析得很好，回去以后就按这个理由向我们提出申诉，我们缓你两至三年，不能把你们这么个大厂给限制住啊。"我从北京回来后就开始写报告，申诉成功后天拖的拖拉机继续销售。

同时我们也感到危机，不能老使用旧的技术，所以我就组织力量一次次研究，重新设计研发出来新的铁牛拖拉机。这时候与美国人就产生矛盾，因为他们的新产品 S 型拖拉机过两三年正好上市。我跟塘沽迪尔开发部的工程师负责人很熟，都是原来的同事，曾经是我的下属，都有联系。看见 S 型拖拉机有几个缺点：液压系统不如铁牛的好；排挡布置也不行，因为印度跟我们作业系统不完全一样。我的同事也认同，跟美国人讲。美国人有技术力量，但就是不接受中国人的意见，坚持不改。我是技术干部，只关心技术问题，不管是铁牛拖拉机，还是迪尔 S 型拖拉机，只要性能质量我都关心，所以我把我的看法反映给美国人，但是美国人仍然我行我素。美国人看到两年后铁牛可能就卖不出去，就给老天拖厂发文件说铁牛产品以后可能就要完了，他们的 S 型拖拉机将成合资企业的独一产品。为此美方向中方发出文件要求美方独资或他们占股 70%。正好赶上十月一国庆节，老天拖温辉厂长着急了，这样等于财路没了。我当时在天拖宿舍华宁北里居住，温总来到我家说："听说你有新的方案，能保住铁牛产品。"特意跟我商量。听了我的方案后，温总给予大力支持，马上开始做实验，生产制造新的"铁牛"。

2007 年，美国老总道格拉斯想让天拖铁牛和 S 型拖拉机进行比较，比赛地点选在哈尔滨的郊区。美国人找我的实验室借技术人员。我知道消息后感觉问题严重，因为比赛的结果直接关系到合资企业今后是生产铁牛，还是生产 S 型拖拉机。我直接邀请老天拖的董事长、总经理温辉去哈尔滨。我们刚走到沈阳，哈尔滨那边的工人给我打电话，说美国人不让我们参加试验，把借去的技术人员和司机都赶出来了。我接到电话后马上通知温辉总经理不要前往哈尔滨了，我带着孙科长去哈尔滨。美国人在试验调试时弄虚作假，拖拉机拉犁的时候，前铧浅，后铧深。因为我技术全面，一看就发现问题。第二天对比试验开始，美国人来了好几辆轿车，到哈尔滨农村后，开始搭帐篷、摆桌椅、放饮料，在哈尔滨当地挑选驾驶员。美国人和我分别教授各自的驾驶员驾驶各自的拖拉机。比赛开始，7公里每小时速度，两台拖拉机一块走，还正常没有问题。东北的黑土地不错，比较黏，拖拉机拉起来费劲，美国S型拖拉机挡位不行，再高一挡位它就没有了。8公里每小时之后，美国S型拖拉机就拉不动，趴窝了。咱们的铁牛接着表演，9公里每小时我们都能接着走。换上我们的驾驶员后，我让驾驶员把犁往上提一下，耕深刚才是30多厘米，现在是25厘米，也是农村需要的耕深。试验结果大大长了铁牛的志气，美国人很伤心。通过这次试验，又把铁牛救上来，新铁牛拖拉机还继续生产，保住老天拖的收入。

张俊杰 · 简历

1940 年 6 月 出生

1956 年 9 月至 1957 年 2 月 天津拖拉机制造厂总工程师办公室科办员

1957 年 2 月至 1967 年 12 月 安全技术科科办员

1957 年 12 月至 1961 年 7 月 附件车间下放劳动，车工

1961 年 7 月至 1962 年 2 月 附件车间团总支专职干事，兼团总支副书记

1962 年 2 月至 1968 年 10 月 厂工会生产部干事、宣教部宣教干事

1968 年 10 月至 1978 年 7 月 金工车间下放劳动，定额员，生产技术准备员

1978 年 8 月至 1980 年 5 月 金工一车间主管技术副主任，车间党支部委员

1980 年 5 月至 1982 年 12 月 安技环保科副科长，金工二车间主管技术副主任

1982 年 12 月至 1988 年 12 月 厂工会副主席、代主席，厂党委委员、厂纪委委员，厂职工技术协会主任，厂科协副主任

1989 年 1 月至 1996 年 5 月 劳动工资处处长，厂党委委员、厂纪委委员、机关党总支委员、劳资处党支部书记

1996 年 5 月至 1999 年 6 月 企业管理处处长

2000 年 6 月 退休

1963 年荣获天津市抗洪模范称号。

1958 年至 1978 年荣获厂级年度先进生产者称号七次。

1996 年荣获全国机械工业劳动工作先进工作者称号。

1997 年荣获优秀职工证书。

2000 年退休后被天津市拖拉机配件厂邀为厂长助理，主要负责组织天拖已退休工程师开发 35 马力（25.7 千瓦）可倒开轮式拖拉机产品设计与试制工作，于 2003 年试制成功并取得国家专利。

2011 年经申请被天津市老科技工作者协会批准并颁发机械加工高级工程师证书。

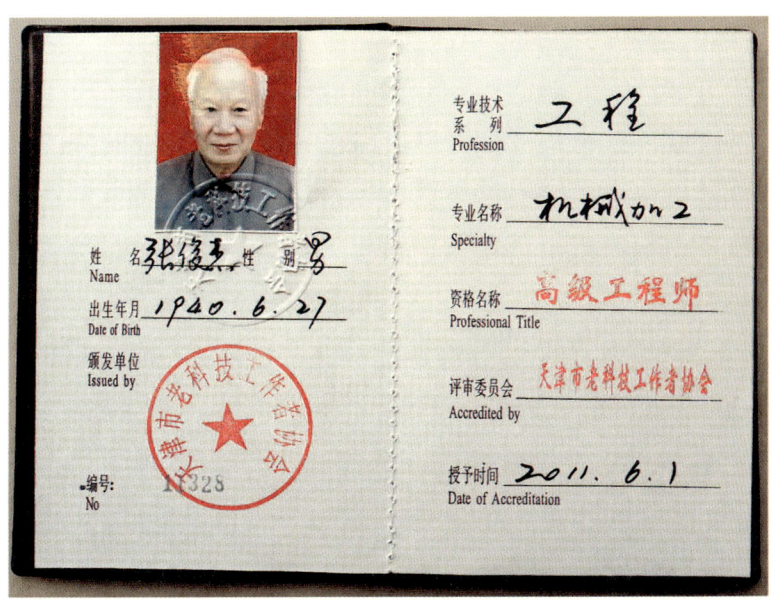

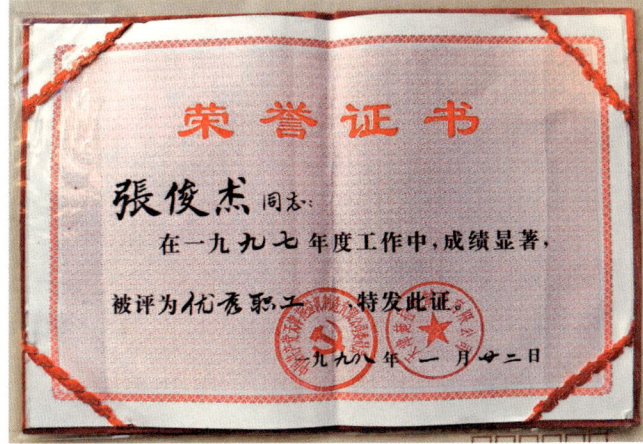

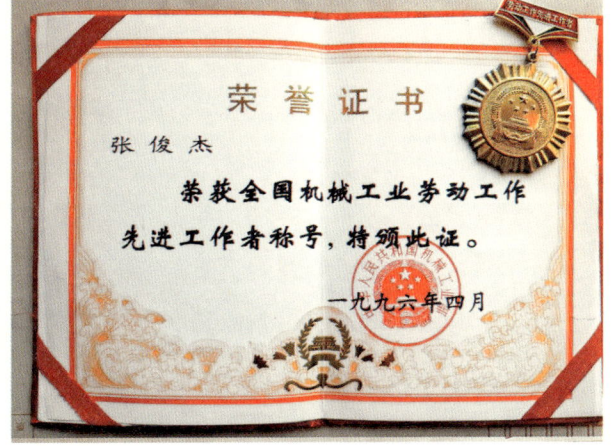

张俊杰·口述录音整理

我是1956年初中毕业，毕业后我考了中专。中专录取以后，我父亲不同意我继续升学，因为当时家里人口比较多，我有弟弟妹妹6人，十来口人生活全依靠我父亲每月70多元工资。父亲讲："你是老大，你得帮助我养这个家。"父亲的想法是对的，我只好同意退学。我母亲费了好大力气才让招生办同意，把档案资料都退回来了。退回来以后，当时我心里还特别难受。我不上学了，怎么办呢？去哪里工作？我在家三天没出门，第三天晚上，父亲带回《天津日报》给我看，并说："你不想上学吗？现在天津拖拉机厂和动力机厂的技校正在招生。"看完报后，我立即出去找同院的同学一起商议，转天就到了天拖技校报了名。为什么呢？我对天拖这个厂子比较有印象。怎么呢？1956年1月2日，《天津日报》报道，原来汽车制配厂改成了中国机械工业部汽车工业管理局天津拖拉机制造厂，有张挂厂牌的照片就在《天津日报》上登了，我当时看过这张报纸，我对这个厂就很感兴趣，厂子在南开区。当时，我们对这个厂还不太熟悉。几个原来的发小在这厂子外围转了一圈，决定报考。新中国成立初期，家长都恨不得自己的子女不仅要在学历上提高，更要掌握一套手艺，学点技术，这样对子女自己、对家庭都有好处，对国家也是个贡献。在那种情况下，我才报考了。报考完之后，那是8月底9月初，我收到录取通知。当时，我们三个发小一块报了名，我问他们，他们没接到通知。后来有一人被铣工班录取，另一个未被录取。

9月4日我赶紧报到去。报到后才知道，原来是天拖厂人事科从录取学生中挑选了16人做企业管理工作，就是当小科员。当时我们这16个人都很不高兴。我们上技校都是来学手艺的，怎么分配做管理工作呢？这个接受不了。但是，当时跟大家讲完之后，挨个谈话，一位同学接一位同学叫进办公室。等出来以后，才知道前三位女同学都被分配到国家机械部汽车管理局工作，还要去北京，大家听说后心很不安。结果从第四位以后全部留天拖工作，并通知转天让我们到人事科正式报到。转天报到后，先填写职工登记表，以后人事科就分配了，我当时和另外俩人分配到工艺科。人事科同志带我们见到了工艺科科长钱端有，我被分配到合建组，他们俩人被分配到资料室。

工艺科当时条件很差，是原来的一个仓库改成的科室。当时那个科室有多少人呢？将近六七十人，满屋子都是人。后来才知道，那时正忙于为拖拉机产品做工艺设计。天拖引进的是苏联的明斯克拖拉机厂的拖拉机，所以对技术资料全部进行翻译。翻译完了以后，根据咱厂的情况来设计加工工艺和工艺装备。这科室年轻的工程技术人员很多，光团员就有30多名，除了大学毕业的就是中专毕业的。大家在那日日夜夜地工作着。

第一天上班，我就有一种感觉。什么感觉呢？上班之后，我们的组长祁师傅告诉我合理化建议组的情况。这个组一共3个人，主要负责全厂职工的发明创造、技术改造、合理化建议的管理工作。当时，国务院发动全国职工共同在这方面作贡献，所以这个工作还挺繁忙，广大职工都在工作当中为提高工作效率开动脑筋研究、提出自己的改进意见。当时这个组主要负责合理化建议立案审核、试验、报批，成功后发奖金。他还告诉我，咱们早上七点半上班，中午下十二点；下午上一点，下五点。给我印象最深的是，到五点钟打电铃了，该下班了，这60多人可没有一个人动的。我想，都下班了，他们怎么不走呢？我头天上班，人家不动，咱也不动，看到什么时候开始动呢？五点半。五点半开始动是什么情况？就几位女同志，后来知道都是有小孩，去托儿所接孩子。她们走了以后又回来了。一直到六点半食堂开始吃饭了，这时候大伙儿才动。我当时就感觉这个上下班时间怎么是这样呢？后来才知道，大家都在忙着自己的工作。我可能第三天之后，就找我父母要点钱，我就吃了一次食堂，看食堂嘛样。等我吃完回来以后，又有将近40来人，大部分是工程技术人员，又闷头在那继续工作，有些同志还在那学习。不工作就学习，这些对我影响就特别大。这个工厂怎么这样呢？是吧，因为咱们从来没进过工厂，所以对我的教育也非常深。后来，在那工作了几个月后，人都比较熟了才知道，他们很多人的年龄才比我大个四五岁。这种环境对我影响是很深的。

这个科室还有一个小组，这个小组是技术顾问组，成员都是当时我厂比较出名的老工人和工程师，技术上在咱厂里可以说是挂帅的。比如说寇文宝，全厂在机械加工这个方面，他可能是工人当中的权威。他们就五位同志，这个小组专门做顾问工作。大家有什么问题都请教他们，会得到圆满解答。我们的小组就在他们旁边。这些老同志虽然那么大年龄了，但是那阵也不是五点下班就走，都是早来晚走。这个对我的教育也很深刻。

这个厂特别让年轻人喜欢，一到礼拜六就能在厂内大礼堂看电影。只要是礼拜六有时间，我特意去看电影。体育设施也特别好，厂里有标准的灯光篮、排球场，后来又建了足球场，虽然不标准，就在南丰路和长江道把角那块儿，原来是个马集，后来划给咱厂了，在那儿搞了一个足球场。那时候员工都年轻，十几岁的时候，尤其刚进厂的学生对这个特别感兴趣。咱厂有业余足球队、篮球队、排球队，而且都有男女队。当时技校刚毕业的或者中专毕业的，通常力争参加球队。咱厂在全市工会组织的联赛当中，都是挂名的。其中足球队队员，有一个叫张俊秀的师傅，后来被选到国家队了，是中国足球队的守门员。咱厂文化、体育、工作，各方面出了很多人才。

当时天拖厂正在搞年产2500台的扩建。在老厂新盖了一个拖拉机发动机车间，还有一个底盘车间，另外附件车间，铸工、锻工车间都进行了改造或者扩容。这样就加速做生产40马力（29.4千瓦）拖拉机的准备工作。咱们没生产拖拉机之前，主要生产汽油机，生产5341型汽油机和26型汽油机。26型汽油机开始是给朝鲜战场咱们的空军做的充电装置，就是2个缸6马力（4.4千瓦），带动了一个发电机，这样给飞机充电。抗美援朝战争结束后，咱们就把它转化为民用产品了。5341是四缸的，四缸的"曲轴"，当时咱国家还没有那么大的模锻设备，要生产这个四缸曲轴是很困难的。当时，钱端有科长，他是在日本帝国大学毕业回来的，他学的是锻冶专业，他组织一个班子专门研究曲轴生产课题。在他的主导下，决定由锻造改为铸造，用什么材料呢？经研究开发出球墨铸铁，对这个结构和元素我不太懂。用这球墨铸铁直接铸出来替代了锻造，当时进行系统加工。这样就解决了咱们自己不能生产四缸汽油机的问题，钱端有科长作出了很大的贡献，被评为天津市特等劳动模范。因为他是民主人士，后来还兼任天津市机械局的副局长。在中国一拖（洛拖）兴建时被调去支援，1982年被调回任天拖厂长。

我厂那时候在生产柴油机和汽油机上做了好多文章，比如说26型汽油机，当时咱们厂生产汽油机销路很差。为什么呢？不是社会不需要，是当时我国能源紧缺，没有那么多汽油。所以，就需要解决这个问题。当时厂长叫刘树英，后来任天津市外经贸委一把手。他就在国内进行考察，重点考察了河南、安徽。从农村回来讲，非常需要这个汽油机。干嘛呢？排灌水用。当时提出研究把汽油机改成为煤气机，用煤气就解决了这个产品的销路和适用性。那时候经研究生产出煤气装置，把汽油机改制成煤气机。所以当时在没完全投产拖拉机的时候，就生产这个产品。《天津日报》对咱煤气机的销售情况，几乎月月都有报道。根据农村的需要，生产量年年提高，1958年年产16577台，支持农业发展。

1958年4月10日，第一台拖拉机下线了，我国第一台轮式拖拉机诞生了。从那时开始，咱们就把汽油机、煤气机的生产转给其他企业了。原来的汽油机车间就改成了附件车间，主要生产拖拉机的液压部分和传动部分。咱这个铁牛牌拖拉机就正式开到农村支援农业建设。天拖轮式拖拉机是咱们厂全体职工，尤其是工程技术员努力奋斗的成果。

天拖的老工程技术员大部分是学汽车的，把汽车厂改成拖拉机产品，在技术上应该说没有太大的压力。但是他们更想生产汽车的心还总是有的，在1953年生产了一辆吉普车，最后送到北京，原来说作为检阅车用。在天津市政府支持下，1958年咱厂就自行设计、自行制造汽车。经过一段时间的努力，终于生产出三辆和平牌轿车样机，并由汶漪副厂长带队将和平牌轿车送进中南海，受到周恩来总理接见，并上轿车试坐。这个轿车还是相当漂亮的，相片我还保存着。后来，国家把一机部分开了，成立了一个农业机械部，又把咱们划回到农机部了。按照农机部规划，咱们重点生产拖拉机，别想汽车的事了。

当时生产拖拉机，咱们虽然遇到很多困难，但是工程技术员和工人师傅们没日没夜地工作。因为我从事合理化建议工作，接触了很多位天拖厂的能工巧匠，知道大家都已经开动脑筋想了很多办法，来提高劳动效率。当时咱们虽然有了新厂房、新机器，但是没有先进的专用设备，因为那个时期咱们国家能生产一些标准的机床就很不错了。想要使这些机床变得更先进一些，当时咱还没这个条件，所以厂领导动员职工们都在加工工艺装备上大做文章。什么是工艺装备呢？比如说，我们要在零件上面打两个孔，这两个孔要求距离比较精确。如果不是成批生产，那就画完了线以后打一个孔，量好了再打一个孔，这样劳动效率很低。所谓工艺装备，就是做一个胚具让这个两孔完全符合精度要求。如果这个胎具能同时加工两个孔，既保精度又提高效率就更好了。所以工艺装备有的复杂得不得了，像一台无动力的多头钻床。拖拉机零件"检查孔盖"周边8个孔，设计制造一个"多轴钻孔工艺装备"就可以8个孔同时加工完成，既保质量又增效率。所以，很多同志都在工艺装备上做文章，这样劳动效率就提高了。全厂工人在这方面大动脑子钻研，厂里合理化建议每年都有上千件，简直是热火朝天。1957年年初，根据上级要求将合建组并入总工程师办公室领导。从事合理化建议工作与全厂能工巧匠经常接触对我的教育和影响也是很深刻的，因此我报考了业余中专班学习机械专业知识，来提高自己的工作能力。

20世纪50年代末，当时农机部对天拖的发展是非常关注的。农机部的部长陈正人同志对农机行业的发展动了很大脑子。那时咱国家的财政很紧张，国家没有什么积累，每年投资给企业的钱有限，还要在分配上照顾各个方面。比如说农机部下属的拖拉机厂从名称上有十多个，哈拖、沈拖、天拖、长拖、上拖……都是由农机部直接管理的。这些个厂子都想发展，发展必然要有技术改造措施费。本来拿不出太多钱来，再一分，每个厂都干不成大事，最后看不出多大效果来。所以，当时农机部经过总结研究后，认为把有限的资金分散使用难见大效果，决定采取"伤其十指不如断其一指"的理念。他们认为天拖基础比较好，生产拖拉机是全国最早的，工程技术力量配备好，虽然厂子不大，但是骨干力量很强。因此，就决定在天拖搞扩建。换句话吧，农机部把自己能管辖的钱集中投到这一个厂，把这厂变成一个大厂，当时号称东亚第一大厂。选址就选在现在红旗路上，这个地方低洼，但靠近铁路支线，要建厂就必须把地给垫高了。所以当时决定从唐官屯取土垫到这，后来市内发电厂的废炉灰、废沙子什么的都垫到咱们这个厂子来。

1959年正式开工。当时咱国家的财政还是相当紧张，1960年又遇着灾荒，所以进度也比较慢。一直到1964年年初，国家经济形势有所好转，农机部决定加快天拖新厂建设进度。当时已经把新厂的工具车间、机修车间、有色修铸车间及公用设施的厂房都建起来了。首先要投产的就是工具车间、机修车间，他们是先行军，所有自制设备和工艺装备都由他们负责生产。有色修铸车间又是专门供给工具和机修所用的铸件。在这种情况下，准备搞一个大型会战，就是天拖厂和所有参加建厂的工程单位集中起来搞一个大会战。1964年的4月份，在厂院召开了由万人参加的誓师大会，国家农机部陈正人部长主持会议，各参建单位都积极表态。大会战开始后，各参建单位调动各方面力量积极投入，大会战是热火朝天。当时为加强领导，经农机部与市委研究决定由农机部副部长张逢时任大会战总指挥，调崔荣汉任党委书记，原党委书记刘寄久任党委副书记兼政治部主任。在新厂内除了留一条马路让车辆走，所有平地都是厂房的各种预制件。咱们新厂的生产准备工作也非常快，新工具车间、机修车间很快就进入试投产阶段。

在这个建设进度非常快的时候，国际形势发生变化。毛主席指示"备战、备荒、为人民"，加强三线建设。当时考虑到咱国家的工业布局，就准备把沿海地区的主要工业向内地转移。根据中央的决定，农机部决定把天拖一分为六。天拖算一个厂，老厂即南开区南开三纬路厂区原计划改成发动机分厂，后改成天津机械厂，主要给咱天拖配套生产液压、密封部分。北京有一个康拜因厂，改成北京内燃机总厂，把发动机拿到那生产。另外，咱们的工具车间迁到贵阳，锻造车间迁到湖南。原车间筹备处室的大部分工程技术人员一锅端迁到重庆，成立了农机部的第三设计院。这样天拖就一分为六了。

天拖在基本完成支内任务后，厂党、政领导都进行了调整，李超同志任党委书记、王刚同志任厂长。面对5000台生产纲领的改进和各项生产准备工作，提出要在"自力更生、奋发图强"的延安革命精神的指引下，发动群众、群策群力、克服困难，力争提前投入生产。厂党委要求厂工会将"自力更生、奋发图强"作为标语写在厂办公楼上，以鼓舞全厂职工革命斗志，力争早日投产。这条标语被历届领导坚持下，在"铁牛城"内悬挂了48年之久。

一分六之后，天拖厂规模就改变了。天拖只生产底盘和总装整机，发动机拿到北京。康拜因厂的发动机调整为55马力（40.5千瓦），这样就要求天拖把拖拉机底盘也改进成55马力。在这方面咱们遇到很大困难，但是咱厂的工程技术员还确实想了很多方法。如底盘的主要部件是变速箱本体，这个大部件都要变样了，那等于需要重新做所有的装备，重新生产，包括铸造模具都得废了重来。设计处的工程技术人员花费了很大心血改进设计，最后经过实验还确实在原有基础上加以调节创造了新成就。后来，洛阳拖拉机厂的厂长看了以后直接翘大拇哥："没想到你们在这个产品上真做了大文章。"后来55马力到80马力（58.8千瓦）都是在这个底盘基础上改进的，让人不得不佩服。如果不这样改进，那这一项投资可就大了。

咱厂变成了一个以生产拖拉机底盘为主，年产5000台的纲领。确定一分为六以后，全厂就开始搞厂内的工程设计。那时候设计院没参加，都是咱自己办。全厂各个车间都进行了三结合，单位领导、工程技术员和技术工人集体研究。当时2.5万台扩建的时候，进来一批新设备，一分为六以后，好多新设备也都迁走了，咱们剩的都是老设备，还要加工这些产品，就得动脑筋，怎么样利用老设备来生产5000台拖拉机。当时全厂有20多个这种三结合小组，每天都在那一个零件一个零件地、一个工序一个工序地研究。经过几个月努力，完成了工艺设计工作后，立即投入进行试生产。好多工艺装备得重新制造，凡是属于比较简单的，生产车间自己制造，复杂的给工具车间加工。厂房也得进行改造，由于金工车间只做了基础后而停建，就要利用原来新工具车间厂改建成五个车间。把原工具车间的南侧改成总装车间，中心部位改成金工一、金工二和金工三车间，靠东侧改建为热处理车间，西边是新工具车间。经过这样一番努力，设备搬迁与调整顺利完成，到1966年将近年底，就开始生产调试了。在全厂职工的共同努力下，1966年年底就生产了1213台拖拉机。"文革"高潮时期，咱厂也受到很大影响。在"抓革命，促生产"的号召下，全厂职工在"自强不息、团结奋进"的精神鼓舞下，在年产千台的基础上向 5000 台目标进军。

  20 世纪 70 年代初，为了促进农业的发展，需要提高大中型拖拉机的产能。农机部和天津市政府研究决定，天拖由原来年产 5000 台，提升到年产万台。我厂又进行了一次扩建，根据万台设计方案，我厂要新建铸铁车间、精密铸造车间、金工车间和总装车间。这样才能满足万台的需要。在设备上也要有所调整，仅金工车间就在大连机床厂订购了四条半自动生产线，这样就可提高生产效率。到 1975 年，咱们就基本完成年产万台的厂房建设。1975 年，因几个车间进行搬迁影响当年生产，面临不能完成当年生产计划的困难。天津市经委主任特意来厂开了一次全体职工大会，动员职工今年一定要突破各项困难，力争完成当年计划。厂党委决定动员全厂职工"大干五天完成全年生产任务"，全厂就形成一个生产大高潮。我当时正在金工车间工作，金工车间当时 1100 多人。这 1100 多人要整个动员起来是相当困难的，在党员、团员的带头努力下，就形成一个生产高潮。打破正常的两班制，车间里不分日夜坚持生产。好多青年就都住在车间内，不回家了，睡一觉起来就接着干。机床占满了就做辅助工作。就这样整整大干了近两个月。好多青年睡觉时候没有床，住在当时新盖的办公室里，有办公桌的就躺桌上睡，没有的就得躺在地上了。后来厂里专门买了一些稻草垫子，睡觉时铺地上了再躺，这样拼了近两个月。结果年底就把当年生产任务计划了。那时候很多党团员和师傅们表现相当感人呢。食堂每天晚上都往车间送饭。大家不是吃完饭歇会，吃完饭接着干。很多新进厂的技校毕业生也都参加大干特干，也是受了一场教育。当然，也有一些同志有意见，你看这叫上班么？那时候没有加班费，也没有一分钱奖金，但这体现了工人阶级的伟大精神。当年超额完成生产计划，生产拖拉机 6065 台。天拖从那以后年产量逐年提升，1981 年实现年产万台，成为我国轮式拖拉机生产的先锋企业。

  后来，天拖根据我国农业机械化的需求，不断开发出 55 马力、60 马力（44 千瓦）、65 马力（47.8 千瓦）、80 马力等多种不同型号的拖拉机，这些都是天拖工程技术人员做的新贡献。天拖厂除了生产拖拉机产品，后来还在汽车公司领导下生产农用卡车和微型卡车，又根据市场的需求生产新型号稻麦收割机，咱们生产的产品不仅能耕地，还能收庄稼。这时候的发展，值得我一提的是，1982 年、1983 年企业正好改制，就是实行党委领导的厂长负责制和职工代表大会制。行政上以厂长为主，职代会监督，党委不过多介入行政管理。那时候工会主要是发动群众，为企业发展作出贡献。我这个时期被调回工会工作。咱们国家农业实行包产到户之后，大型拖拉机的需求下降，直接影响企业效益。当时，在社会上比较受欢迎的是 15 马力（11 千瓦）、18 马力（13.2 千瓦）小型拖拉机。所以，职工代表提出，强烈要求生产小型拖拉机。这个时候还在计划经济模式下，厂长说我们要改变产品，必须得经过部里批准。所以，这次职代会主席团会议反复进行了三次，最后大家意见统一。当时唐本耀厂长还为这事儿专门到北京汇报，后来部里有些松口，你们可以适当考虑。在这种情况下，我们在生产大拖的同时开始生产小型拖拉机。这样咱厂既满足了市场需求，又提高了我厂的经济效益。在这个新产品生产中，咱们很多工程技术人员和工人师傅们确实付出了极大努力。

　　天拖几十年的发展体现铁牛人的"自强不息、团结奋进"的精神。我特别有感触的是天拖厂广大技术工人在企业发展中作出了极大的贡献。从国家开始评聘工人技师的时候，咱们厂是开展比较早的，1986年就考评了第一批工人技师。他们都是技术高超的能人、生产岗位上的骨干。20世纪80年代末，工程技术人员的评聘高级职称工作已经上日程了。原来的技术员评为工程师，工程师又晋升为高级工程师。这时候工人技师的考评工作停顿了，我厂准备评聘第二批工人技师时，汽车集团公司不同意。为什么呢？原来汽车公司下属企业没有开展工人技师评聘工作，所以我厂这项工作得往后推推。1989年我被调到劳资处任职，处里同志对第二批评聘工人技师工作很上心。我当时也特别着急，因为有些老师傅年龄已高，再拖下去可能错过机会。经过我们多次努力，甚至我越级请示天津市劳动局，天津市劳动局对我们挺支持，还替咱做汽车公司工作。最后，汽车公司领导研究之后，决定把天拖作为汽车集团公司技师考评工作试点，所以我们考评了第二批技师后，即着手准备第一批高级技师的评聘工作。经评委会研究决定高级技师搞论文答辩。在答辩会上，当时是汽车集团公司的两位副总工程师和劳动局两位主管领导，一起来参加论文答辩会，最后答辩会开得很成功，第一批7位同志都通过了。亲临论文答辩会现场的市劳动局主管领导深有感触地说："天拖厂真是人才集聚、人才辈出呀！"

　　当时我也有感触和遗憾：我厂还有很多位师傅因已退休而没能评为高级工人技师。其中一位老同志是王忠铭，他是我特别敬佩的人。他14岁就在厂工作了，一直在天拖工作。后来年龄大了，退休了。王师傅虽然原来只有小学四年级的水平，但上了多年夜校，一直达到中专水平。自己能画图，自己能搞设计。当时他第一批搞的那个"半轴臂套"专用生产线，加工的部件就是拖拉机后轮外套。他设计制造了4台机床，4台专用机床连在一起成为一条半自动生产线，提高了原来立式车床加工产品的效率，而且减轻了工人劳动强度。他自己设计、制造了20多台设备，20世纪70年代天拖厂聘他为"工人工程师"，还专门为他准备了一间设计室。由于成绩突出，他1978年被评为天津市劳动模范。可是这位师傅已退休了，没能评为高级技师，很是遗憾。还有我厂机修车间已安装使用的一台进口的导轨磨床，那个质量都相当高，这设备被调给三线企业后，咱们机修车间的师傅们共同努力，自行设计，仿制了那台设备投入生产。像这样的师傅在咱厂还很多，比如说锻工车间，10吨模锻锤调三线后，锻工车间的师傅们用"蚂蚁啃骨头"方式制造成功，参加这些设备制造的带头人也因退休而没能参加技师评聘。

　　还有一个项目也能体现咱厂工人师傅技术水平。我厂生产微型卡车时，需要从夏利汽车厂迁过来一条焊接生产线。夏利厂当时买的是日本的旧设备，按协议日本企业负责拆和安装，可是日本人给他们安装调试两次才完成，当然夏利厂要花钱的。那这条生产线要搬到咱厂来，咱怎么搬？在无图纸条件下，咱厂当时决定自己搬。面对这个问题，有些领导感到担心。正巧我们搞第二批的技术评定工作时，准备改变对维护工人考核的常规。经与肖周副总工程师研究后，就把这条生产线搬迁作为维修电工和维修钳工技师的考核题目。就这样，维修电工和维修钳工，一电一钳包一台，这条生产线一共8台设备需要16人。可这批参加考评技师的只有14人，还缺两位，为了搬迁工作只好又请了两位没有被所在单位推荐报考技师且技术水平比较高的年轻同志参加，这样就凑好了8台设备16个人。怎么干呢？拆设备的时候，他们自己做记录。设备拆完了以后，自己负责搬运，回厂后自己再负责安装，安装完自己负责单台调试，单台调试成功后连线调试。结果连线调试一次成功，让在场的汽车集团公司主管领导高兴地连连点赞，这也说明天拖维修工人的高超技术水平。

我们设计处有200多人，100多位工程技术人员，其他人是负责调试和试制的工人。200多人的设计处在当时天津市很少有，所以他们才有能力把产品从40马力一直提高到55马力、60马力、80马力，开发出多种型号的轮式拖拉机。还开发了收割机，这就是非常不简单的事例。

天拖合资前，这个时候一拖在香港上市成功。机械部建议一拖把天拖并入中国一拖集团成为央企。一拖领导为表诚意集体来天拖商议。一拖的总经理曾和我们陈厂长见过面，他曾说过："没想到你们天拖在原有40马力的这个底盘上，经过那么多技术改进，变成55马力、60马力、80马力了，翻了一倍，你们真不简单。"一拖曾开发了两种型号轮式拖拉机都没成功，所以他们决定要把天拖并入一拖集团，并且还提出很多好条件。第一，天拖主要是设备老化，把设备进行更新，可以一次性投入22亿港币。第二，天拖职工，不管你是三产的还是什么，只要是天拖的正式职工，一个不解除全部接收。第三，天拖领导还要在天拖产生，集团一个不派。第四，天拖职工工资按天津市水平执行。这几个条件让人惊喜。当时汽车公司说需要市里决定。那时天拖面对三项选择：1. 进入央企；2. 与迪尔公司合资；3. 当时天拖准备了三年已完成上红筹股的工作。最后市里还是决定跟迪尔公司合资。

提起合资的事，我还得多说几句。迪尔公司在美国农机行业中确实是一个先锋，他的技术也很不错。合资前杜总派我去天津市电视机厂（即712厂）了解他们与三星电视机厂合资后的情况。他厂总经济师介绍后给我的体会是：1. 先进技术根本不会交流；2. 利用经营手段造成亏损，在你经济困难无力增加投入时，来提高三星的控股权；3. 利用你的品牌来提高三星在我国市场信誉度。当时的结果是他们（天津市电视机厂）的股份由51%降为百分之二十几。

天拖厂合资后也没例外，在合资开始时就将所有后方车间及生产辅助部门，包括供电、供暖等部门都排除在外，生产车间厂房改为租赁，甚至生产必备的全部工艺装备未列入股权范围内。合资后逐步将自制产品转为外加工，原设计部门基本解体，天拖母体根本不可能重建产品开发能力。而且合资时就已规定天拖母体不能开发生产6马力（4.4千瓦）以上的拖拉机作为先决条件。迪尔公司在天津建成独资企业后，合资公司终结时已成为不能生产拖拉机零部件的拖拉机总装厂了。我国能与其竞争的轮式拖拉机生产企业被其解体。我国在20世纪末调整了引进外资的政策，这样的事例不会再发生。

天拖厂三十周年厂庆的时候，原来担任天拖大会战总指挥的农机部张逢时副部长为建厂三十周年题词，他挥笔写下"自强不息、团结奋进"这代表铁牛精神的八个大字，这是对天拖在2万台项目下马之后一直在这个精神的鼓舞下克服重重困难发展壮大以及天拖人几十年奋战成果的肯定和鼓励。

　　我也很爱天拖。我有三次调机关工作的机会，有一次还是一机局工会主席和副主席两位领导亲临我家邀我去一机局工会任职，我经再三考虑谢绝了。退休聚会时，我们老同事都跟我说，你要去机关工作退休的话，就是不拿上万也得拿七八千元。我说："说实在的，我确实喜欢天拖。天拖把我从一个初中毕业生培养成今天的我，我应知恩、感恩。"一句话，我爱天拖。

刘明·简历

1956 年 7 月 出生

1975 年 10 月至 1991 年 5 月 天拖金工车间工人、团总支书记，金工一分厂团总支书记兼总厂团委副书记，厂长办公室副科级秘书、副主任

1991 年 5 月至 1997 年 5 月 天津市委工业工委干部处干部、副处级调研员、副处长，工委办公室副主任

1997 年 5 月至 2003 年 12 月 天津市人民政府办公厅三处副处级干部，二处副处长、处长

2004 年 1 月至 2016 年 7 月 中节能（天津）投资集团公司党委书记兼副总经理、党委书记兼董事长

2016 年 7 月 退休

刘明·所获奖励

1980年和1982年分别荣获天津市1979年度、1981年度优秀工会积极分子（天津市总工会）。

1983年荣获天津市优秀共青团干部（共青团天津市委员会）。

1986年在"小型拖拉机会战"中，成绩显著，荣获一等功。

1987年获得1986年度、1987年度厂级先进生产工作者。

1989年和1990年分别获得1988年度、1989年度分厂级先进生产工作者。

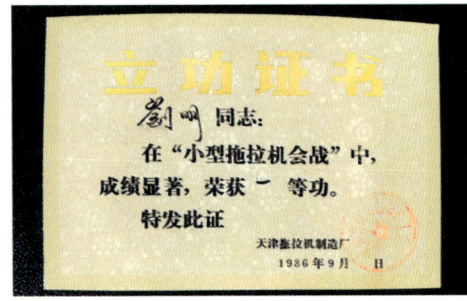

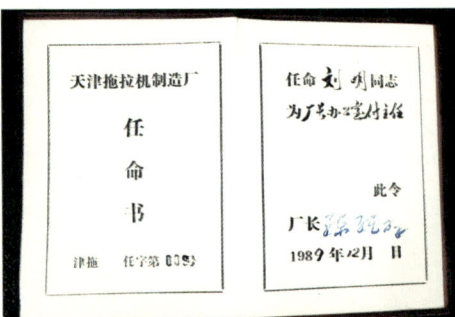

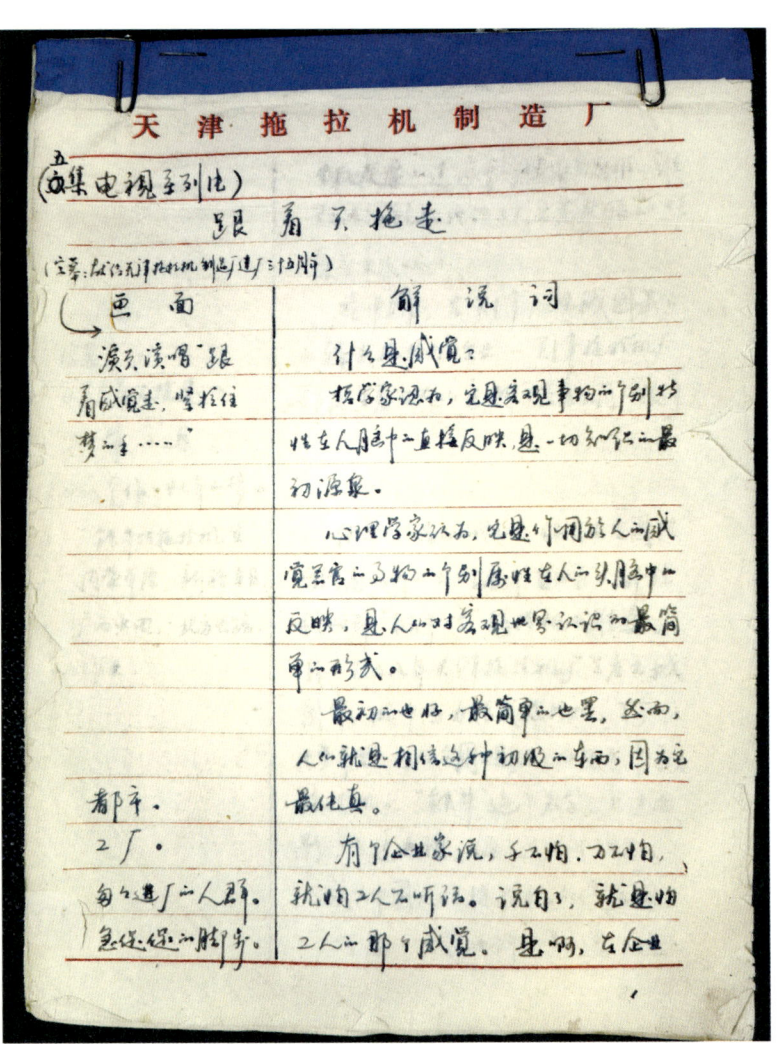

刘明编写的《跟着天拖走》五集电视片的脚本手稿

刘明·口述录音整理

1956年1月天津拖拉机制造厂建厂，当时国家机械部想让天拖生产中马力轮式拖拉机，是仿制苏联明斯克牌，生产中国的40马力（29.4千瓦）轮式拖拉机。当时给天拖设计的生产纲领最高2.4万台，最低生产3000台。可是天拖建厂以后，生产纲领在不断的变化，经历大概有8次上马、下马。

最大的一次变化是1964年，国家农机部把天拖的改建扩建列为农机部的重要事项，而且报国务院批准。天津市和农机部共同成立了天拖扩建会战指挥部，由农机部的副部长张逢时兼任天拖会战指挥部的总指挥，这里汇集天津市各方面的力量，包括机械、城建、市政、规划等各方面的力量是一个大的会战指挥部。1964年的5月份开始天拖大扩建，到9月份的时候，天拖在红旗路的新厂已经初具规模，工具车间、机修车间已经建成。正在大干快上的时候，国家要求天拖下马。天拖这个企业一分为六，分成六个厂搬到国家的内地，红旗路这个新厂就只保留底盘生产和组装两块职能。我举这个例子是想说，天拖自从1956年1月建厂以后天拖的设计、生产能力就一直没有达到标准。直到20世纪70年代，天拖才按照国家确定的年生产能力1万台55马力（40.5千瓦）拖拉机的生产能力进行扩建。

天拖当时又进入了一个大会战时期，就是万台扩建。我是1975年10月进厂，当时正赶上天拖万台扩建。那时候我才19岁，一进厂就搬到厂里去住。跟师傅们同吃同住同劳动。我住在总装车间，总装车间的设备才安装一部分，还没有完全安装，我们都住在空旷的厂房里，冬天特别冷，我们从早上起来一睁眼就干活，一直干到晚上，是边生产边建设。中间还经历了1976年的地震，地震对天拖造成了很大的破坏，我们金工车间的厂房有一部分都塌了，其他车间的厂房也有很大的损失，但是天拖职工还真是没有被这些困难吓倒。我记得1976年8月5日，华国锋同志到天拖进行视察，我当时在工厂的护厂队，队里发给我一个红色袖章。华国锋同志到工厂视察，都是我们这些工人在厂里面警卫。在我们厂前区的广场上，几百名职工围成一圈，听他的讲话。他介绍这次地震的基本情况，而且勉励我们一定要取得抗震救灾的胜利。当时工人特别受鼓舞，尽管有地震的破坏，还是很快就恢复了生产和建设。

天拖的几任领导，从20世纪70年代到80年代是一代接着一代干，因为万台扩建不是一年就能完成。20世纪70年代我进厂的时候，厂领导有党委书记朱之行，厂长冯培昌，副厂长褚长林、邢金秀、同清彦，工会主席赵文秀，政治部主任李泽。这届领导班子可以概括为"老革命的领导班子"，都是老革命，他们有的穿着退役下来的军装，还有现役军人、军代表转的，戴着帽徽、领章。朱之行1976年左右调走，调来的党委书记叫张维汉，他是一个副省级的领导干部，是老红军。他在厂职工大会上讲，"我要把74岁当成47岁干"，他74岁，早就退休了，后来又重新工作，任天拖党委书记。老书记是老红军，厂长冯培昌也是老革命，大概1940年参加革命的老干部，后来任天津市顾问委员会委员。

到20世纪80年代的时候，厂领导班子基本上就是换了一种特点，成为专家型的领导班子。冯培昌厂长转任党委书记。厂长钱端友是一个60多岁老头，是从洛阳拖拉机厂调来的，他是中国铸造学会的会长，是中国知名的铸造专家。他原来在天拖就干过，现又回到天拖任厂长，所以这届领导班子是专家型的领导班子。到20世纪80年代初，领导班子又换成技术型的领导班子。厂长是唐本耀，他是我们厂设计科的干部。党委书记郭文瑞也是技术干部。不管是老革命型的领导班子，还有专家型的领导班子，还是技术型的领导班子，一代接着一代干。

这期间，天津市对天拖的万台扩建非常重视。在全厂职工大会上，市经委副主任丁焕彩做了一个非常鼓舞人心的报告，鼓励天拖职工要抱一个大金娃娃。这成为天拖职工奋斗的目标，厂里面到处都贴着口号"抱一个大金娃娃"。1983年的时候，天拖终于达到设计生产能力，年产超过1万台55马力拖拉机。所以我在《跟着天拖走》电视片里面的第一集，就说是一个做了27年的梦。从1956年算起，到1983年，天拖终于达到设计生产能力年产万台55马力拖拉机的梦想，因此万台扩建在天拖历史上显得非常非常重要。1986年1月1日，天拖建厂三十周年庆祝大会上，厂长唐本耀就把天拖终于达到了年产万台拖拉机的历史用8个字概括为"自强不息、团结奋进"，就是后来的铁牛精神。非常的艰辛，历经了20多年，我们才靠着方方面面的努力，还有天拖职工的奋斗，实现设计生产能力万台的纲领。在天拖厂歌里就有"自强不息、团结奋进"。

"七五"期间就是1986年到1990年。可以说，"七五"期间是天拖在历史上实现产品结构调整，取得重大成果的5年。1985年天拖实现利润2147万，创造历史的最高纪录。到1986年又一下子亏损了几百万，产品滞销，55马力拖拉机卖不出去。主观上讲，是天拖的产品结构单一，只有55马力拖拉机，没有其他的产品。客观上讲，当时国家有关部门，从东欧进口跟天拖55马力拖拉机同等马力的轮式拖拉机1万台，跟天拖的生产能力是一样，并且对农民购买进口拖拉机实行低息贷款，而购买国产的天拖铁牛-55拖拉机不能贷款，所以就挤占了55马力拖拉机的市场。天拖的亏损引起国家机械工业部的重视，也引起天津市政府的重视，更引起天拖自己的反思，当时企业已经停产。国家机械工业部希望天拖保持中马力轮式拖拉机的生产能力。天津市政府希望天拖改头换面生产其他产品。聂璧初同志曾经在那个时期到天拖进行调研，并提出可以生产两种产品：一种是机场用的载客大巴汽车，他说这个市场有前景可以生产；第二种是大港油田用的抽油机，俗名叫磕头机，抽油用的，这个市场看好。但是天拖生产拖拉机专用设备比较多，也有少部分通用设备、标准设备，如果转产投资会比较大，改造起来难度也比较大。所以，天津市提的建议天拖没有采纳。

天拖自己也反思，我们主要输在产品结构单一。于是我们就调整产品结构，开发生产 12 马力（8.8 千瓦）和 15 马力（11 千瓦）的小四轮拖拉机。同时，保持中马力的生产能力，但产量要减少。在怀念张逢时的文章里有记载，张逢时副部长希望我们保持中马力拖拉机的生产能力。我们开发出来小四轮拖拉机以后，他非常高兴，特意到天拖专门看小四轮拖拉机。当时天拖组织"小四轮大会战"，用几个月的时间就自行开发生产具有铁牛风格的小四轮拖拉机。什么叫铁牛风格，就是从外观上看跟铁牛-55 款式一样，红色的。从性能上看，铁牛-55 拖拉机皮实耐用，这是全国农民给予的评价，所以小四轮拖拉机做到皮实耐用。小四轮拖拉机开发生产后天拖就由亏损走向盈利，基本摆脱经济困难。

在 1988 年的时候，天津市政府为了天拖的长远发展，调整天拖的行政隶属关系，由原天津机械局管理改为由天津汽车工业公司管理，成为天津汽车公司成员企业，唐本耀厂长不再担任厂长，天津汽车公司常务副总经理董仪隆兼任天拖代厂长。第一次举行全厂干部大会，我为他拟写的讲话稿他没采用，而是在我写的讲话稿背面，写了自己的想法。他提出"五抓五出"，就是抓成本、出效益，抓调整、出产品等 5 项内容，思路非常清晰，并且把汽车公司正在生产的两个汽车产品——130 卡车和大发牌的卡车拿到天拖生产。天拖的干部职工当时还有疑虑，就是生产拖拉机的企业能否生产汽车？董仪隆能力非常强，讲话非常鼓舞人心，在干部大会上讲："你们能行，天拖什么都行，你们要相信自己，你们一定能干，你们能干得比汽车公司还好！"鼓舞了天拖职工的信心。只用几个月时间，成立汽车分厂并生产出来 130 的卡车。董仪隆代厂长驾驶第一辆汽车从生产线装配现场开出来，非常鼓舞人心。从产品结构角度讲，我们既有拖拉机产品，还增加汽车产品，我们效益更好。拖拉机是农机产品由国家定价，为了保护农民的利益，所以拖拉机都不怎么赚钱。汽车是市场定价，所以经济效益比较好，这一下提高了天拖的整体经济效益。

回忆"七五"期间的 5 年历史，天拖以产品为主线共发生五件大事。第一件大事就是自行研制开发小四轮拖拉机。第二件大事就是在铁牛-55 马力拖拉机的基础上，又提高马力，丰富中马力轮式拖拉机的机型。比如，当时生产 55 马力拖拉机，在 55A 型拖拉机的基础上，为适应农民跑运输的需要，卸掉拖拉机后悬挂系统，提高拖拉机速度。把它改造成运输型拖拉机，命名为 55F 型。还为适应南方甘蔗生产、农田泥泞的特点，研发生产出 55E 型宽轮胎的拖拉机，就是拖拉机后面的大轮胎使用的是宽轮胎。在 55E 基础上研发 55ED，它是天拖的出口型拖拉机。还在 55 马力拖拉机的基础上再提高，开始生产 60 马力（44 千瓦）、65 马力（47.8 千瓦）以及 80 马力（58.8 千瓦）的拖拉机，这些都属于中马力拖拉机，丰富了天拖的机型。第三件大事，天拖行政隶属关系由天津机械局调整到天津汽车工业公司。在天拖的历史上，由单一生产拖拉机产品，变为既生产拖拉机，又生产汽车。第四件大事，天拖正式引进美国约翰·迪尔拖拉机，引进约翰·迪尔拖拉机的技术。到 1991 年左右的时候，约翰·迪尔拖拉机 3140 型 100 马力（73.6 千瓦）的拖拉机已经开始小批量生产。一下提高了铁牛拖拉机的技术水平，约翰·迪尔拖拉机在世界拖拉机行业里面，号称是拖拉机行业的奔驰，它代表全世界拖拉机的最高水平。第五件大事，天拖在生产拖拉机主机产品的基础上，增加了生产跟拖拉机配套的农业机械。比如开发生产挖树坑机，就是在拖拉机后悬挂系统带一个像钻头的机械，然后用拖拉机的动力输出挖树坑。如果人挖树坑需要一段时间，用机械打下来就挖好一个树坑，效率非常高。芦苇收割机、芦苇打包机，还有拖拉机后边挂的拖车。当时天拖成立了拖车分厂，专门生产拖拉机的拖车。通过以产品为主线的五件大事可以看出来，"七五"期间是天拖历史上产品结构调整取得重大成果的5年。

关于厂歌的情况，我介绍一下。厂歌产生于20世纪80年代，天拖比较兴旺的时候，企业比较重视企业文化，由天拖的工人段振纲起草，我们俩是一个厂、一个车间、一工段、一个班组。他是一名工人作家、工人词作家。他曾经是20世纪70年代天津机械局文艺宣传队的成员，曾经给关牧村写过很多歌。后来他写了一首《铁牛之歌》，然后找社会人士谱曲。《铁牛之歌》是一首合唱歌曲。有一年天拖在体育馆召开职工大会，由于淑珍带领着天津歌舞团的合唱队共同演唱《铁牛之歌》。后来我们把《铁牛之歌》命名为天拖厂歌。在《跟着天拖走》的纪录片里面有录像，既有段振纲写歌词的录像，也有在体育馆天津歌舞团演出的录像。尽管过去30多年，我仍然记得天拖的厂歌。开头是"铁牛你响亮的名字，是我们骄傲和光荣，铁牛你钢铁的身躯是我们力量的象征"，非常雄壮的一首歌。刚才讲的那首主题歌，实际上是《跟着天拖走》纪录片的主题歌。最开始我写剧本的时候，想配上苏芮演唱《跟着感觉走》那首歌的音乐，后来在拍摄过程中，发现有点不伦不类，感觉这部片子应该有自己的主题歌，于是我自己编写歌词，段振纲帮我找社会人士谱曲，这是一首通俗唱法的歌，名字叫《跟着天拖走》。开始是由我们铁牛艺术团的一名歌唱演员演唱，感觉力度不够，于是又在社会上找来一名演员一起合唱。两人都是通俗唱法，一起合唱觉得力度够，效果非常好。音乐是我们铁牛艺术团自己伴奏的。当时流行通俗唱法，是一首非常好听的歌。我记得歌词大意就是"你，你是一条历史的长河；我，我是……"第一句的歌词就是，"你，你是一条历史的长河；我，我是……"第二句又是"你是……我是……"最后是"我跟着你走永不停步，永不后悔"。大概的歌词就是这样。第二段又是"你是……我是……"片子的片头曲和片尾曲都使用这首歌。非常好听的一首歌，但是没有保留下来挺遗憾。片头一开始是黄河奔腾不息的镜头，然后旭日东升的景象，背景音乐插入这首歌。

我觉得市委市政府在"十四五"规划里提出"制造业立市"的思想，是完全正确的。天津是中国近代工业的发源地之一，历史上它对整个中国的工业发展作出重大的贡献。我们以天拖为例。天拖的早期是汽车制配厂。新中国成立的时候，中国没有生产汽车，后来天拖生产出中国第一辆汽车。当国家决定由长春一汽来研究制造中国解放牌汽车的时候，因为我们是汽车制配厂，所以从天拖抽调了大量的技术人员和工人帮助长春一汽建厂。当时天拖的一个副总工程师和江泽民同志都在长春一汽工作，两人同一个科室、同一个宿舍研究汽车电路。国家决定在洛阳建设中国第一拖拉机厂的时候，又从天拖抽调了大量的技术人员和工人。怀念张逢时的文章中就有记载，抽调了1000多名技术骨干建设洛阳拖拉机厂。洛阳拖拉机厂建成以后，1956年天拖建厂后洛阳拖拉机厂又过来支援天拖的改建、扩建，并在洛阳拖拉机厂设立了天拖设计室。后来天拖一分为六时，这些车间都作为整体的工厂搬到内地，客观上讲也支援了当地的工业。天津20世纪八九十年代开始生产可耐牌冰箱，家家户户都用可耐牌冰箱。老市长李瑞环当时就提出来，要建设年产20万台的可耐牌冰箱生产线，又从天拖抽调了一大批的技术干部和管理干部。当时电冰箱工业公司的总工程师、副总经理，管生产的调度等人员都是天拖的干部。我现在还记得有几个名字，其中有的人都已经去世了。薄管祥是我们厂长助理，到冰箱厂担任管生产的副总经理，天拖生产处的调度邢伯琪到冰箱厂担任总调度长，冰箱厂有一大批天拖干部。

  天津工业一直在天津市的经济总量中，起着主导作用。当时我在市政府的时候知道一些数字：天津的国内生产总值，我们三个产业分开看，工业一直保持在55%以上，服务业那时候才30%，农业才5%左右，工业一直是占主导地位。经过这几年的发展，现在的天津国内生产总值数字里面，服务业大概占到50%～60%，工业制造业的比重下降到30%。我觉得，制造业的比重在天津这个老工业城市里显得有点少，跟老工业城市的身份不相符，与天津市在历史上为中国工业所作的重要贡献也不相符。所以，咱们天津市重新提出来"制造业立市"还是非常必要、非常正确的，将来天津还是以制造业，而且是高端制造业为主要的发展方向。按照国家改革开放的产业需要，"制造业立市"不能只依靠国有经济，应该是多种所有制都要为"制造业立市"作贡献，这里包括国有企业，也包括合资企业、民营企业。只要是在天津这块土地上，从事制造业生产的企业都在范围之内。所以从天拖企业来讲，国有独资的天拖归百利集团管理的企业已经混改，不存在了，但是就天津工业的整体来看它还在，现在北辰还继续生产铁牛的拖拉机，它仍然是"制造业立市"的一个组成部分。铁牛拖拉机仍然还是中国农机产品的一个重要组成部分。

温辉 · 简历

1960 年 12 月 出生

1982 年 9 月至 1984 年 4 月 天津点火线圈厂技术科技术员

1984 年 4 月至 1990 年 11 月 天津点火线圈厂生产科副科长

1990 年 11 月至 1992 年 2 月 天津点火线圈厂生产科副科长、生产总调度

1992 年 2 月至 1993 年 10 月 天津点火线圈厂四车间主任

1993 年 10 月至 1994 年 10 月 天津点火线圈厂二车间主任兼党支部书记

1994 年 10 月至 1998 年 7 月 天津汽车滤清器有限公司副总经理

1998 年 7 月至 1999 年 3 月 天津汽车电器有限公司常务副总经理

1999 年 3 月至 2001 年 2 月 天津汽车电器有限公司执行董事、总经理、党总支副书记

2001 年 2 月至 2001 年 9 月 天津汽车工业（集团）有限公司零部件事业部副部长

2001 年 9 月至 2002 年 4 月 天津汽车工业（集团）有限公司零部件事业部部长

2002 年 4 月至 2002 年 12 月 天津汽车工业（集团）有限公司资产部部长

2002 年 12 月至 2006 年 9 月 天津汽车工业（集团）有限公司副总经济师，天津拖拉机制造有限公司党委副书记、执行董事、总经理，约翰·迪尔天拖有限公司董事长

2006 年 9 月至 2013 年 7 月 天津汽车工业（集团）有限公司副总经理，天津拖拉机制造有限公司党委副书记、执行董事、总经理，约翰·迪尔天拖有限公司董事长

2013 年 7 月至 2013 年 12 月 天津汽车工业（集团）有限公司副总经理，市对口支援甘肃工作前

方指挥部总指挥、临时党支部书记、援甘干部领队

2013年12月至2016年6月 天津百利机械装备集团有限公司副总经理，市对口支援甘肃工作前方指挥部总指挥、临时党支部书记、援甘干部领队

2016年6月至2018年1月 天津百利机械装备集团有限公司副总经理

2018年1月至2021年7月 天津渤海轻工投资集团有限公司党委书记、董事长

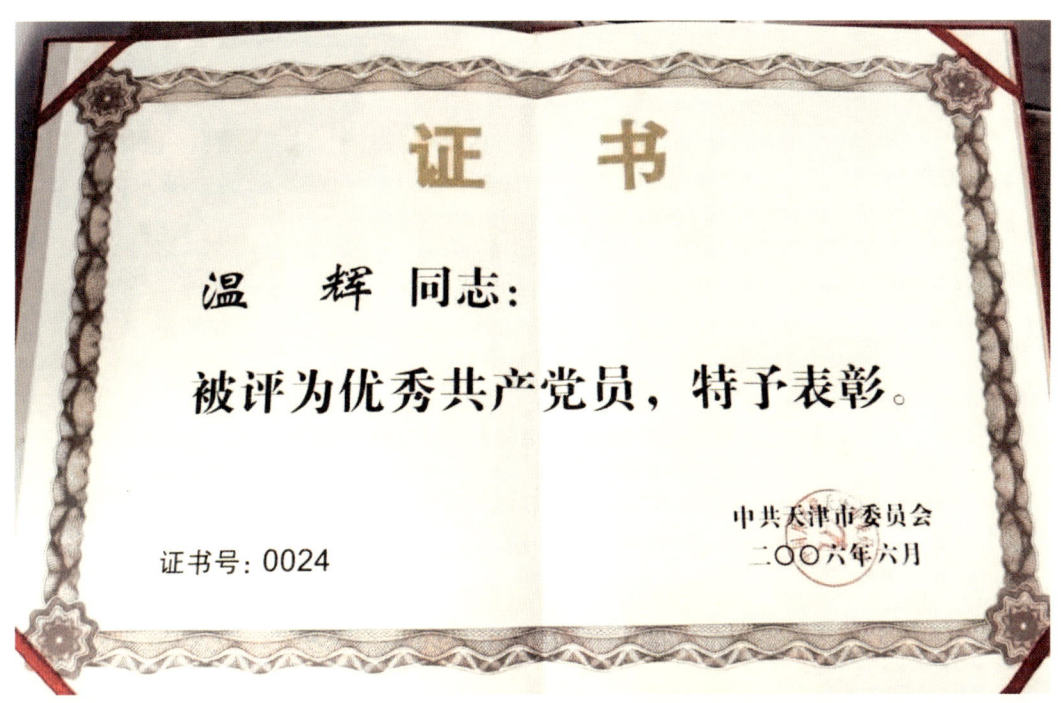
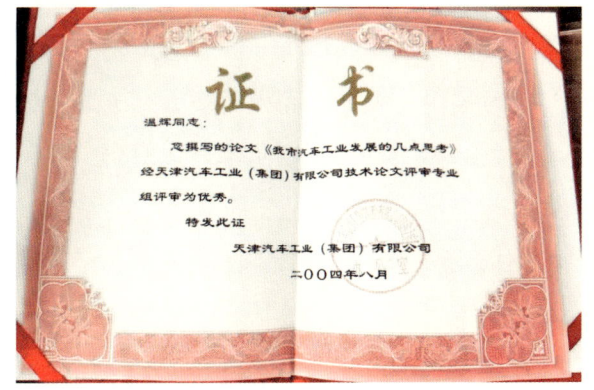

温辉·所获奖励

温辉·口述录音整理

　　按照天津市政府的任命是2002年12月19日，让我从天津汽车工业集团公司零部件事业部的部长，调到天津拖拉机制造有限公司担任迪尔天拖的董事长，天津拖拉机制造有限公司总经理、执行董事，兼着天汽集团的副总经济师。我是20号的生日，于是在42岁时来到了天拖工作。

　　当时天拖母体有职工1800人，常年亏损，合资企业也亏损，历史包袱沉重。跟美国迪尔公司合资之后，铁牛的技术、铁牛的品牌，全部由迪尔天拖公司承接过去，天拖的任务只是为迪尔天拖做一些配套，比如铸件、油管、一些钣金件等，另外出租给迪尔天拖厂房，做一些辅助性和服务性工作。当时合资合同中规定，凡是用到铁牛商标的还要给天拖铁牛商标使用费，另外使用含有铁牛技术也要给天拖提成费，同时合同中规定利用迪尔技术也要给使用费，两边条款都一样。按照天津汽车公司的指令，我的主要任务是：把天拖撂平，让老天拖破产，把迪尔天拖弄好了。

　　当时天拖有自己的医院、学校。在天拖附近有14栋楼的宿舍区。社会责任、政治责任都很重。来到天拖以后，我一方面据理力争跟美国人谈，约翰·迪尔小鹿的商标是踏着铁牛的牛背进入中国的。原来在中国没有人知道"迪尔"，只认识中国的"铁牛""东方红"，东方红是以生产履带式拖拉机为主的。我们铁牛是生产轮式拖拉机，1958年生产第一台。当时是由张太川驾驶。我们天拖最早生产的是40马力（29.4千瓦）的40型号拖拉机。一方面要求加强管理，运用美国的技术，迅速克服水土不服，扩大中国市场，尽快盈利。另一方面是对天拖产品进行调整，对老职工和部分职工进行安置。

　　天拖有个铸造分厂，最鼎盛的时候有1300多人，当时是以生产铁牛拖拉机的大箱体铸件引以为豪的。我们生产最大的箱体是654和954两种。毛重430多公斤，也就是说一吨铁水就浇铸俩活，半吨一个。铸工车间非常艰苦，高温、高热、高污染，而且高危险。窗户上都没有玻璃。工人冬天都不穿内衣，只穿一个破棉袄，在高温下铸件干活。夏天浇铸的温度是1300℃到1500℃的铁水。办公室夏天空调坏了，有的干部说空调坏了，太热不能上班了。我就告诉他们如果觉得太热了，就去铸造车间待会儿，然后再到树荫下待会儿，你会觉得无比的凉快。我到天拖后，立过规矩，天拖厂面积比较大，下车间都不许坐汽车，一律走着或者骑自行车。为此我们在二手自行车市场买了一批旧自行车。全体领导班子从老到幼，从男到女，每人都有一辆自行车。

　　当时形势是生铁涨价、焦炭涨价，而迪尔天拖购买天拖的铸件就是不给涨价。经过反复与班子成员商量，一致认为，不涨价，成本核算不下来，咱就不给迪尔供货，它没有就去其他地方生产。结果迪尔天拖合资公司，找到山东聊城一家公司，现成的毛坯件，比咱们的质量好。基准面加工完，价格还不涨。我们国有企业机构臃肿、技术落后、管理不严细、成本降不下来，我们甘拜下风。基于这种情况，我决定把铸造车间关闭，天天若干个小高炉（冲天炉）化铁水，早上起来点火焦炭，5吨的冲天炉，实际用2吨铁水浇铸到钢包顶上。因为太危险，所以决定关闭。

按照天津汽车公司的指示，我们进行了大幅度的减员。我记得，迪尔天拖也进行了减员。天拖母体从1800人减到500人。经过一段时间的努力工作，降低成本，特别是采购成本的降低，加强管理，2004年天拖母体止亏，迪尔天拖由亏变盈。从2004年开始，几千万盈利，最好的时候是生产1万多台拖拉机。从2004年到2012年、2013年跟迪尔天拖清算之前，因为我们占49%股份，迪尔占51%股份，我们一共有近六个亿的投资收益，两个亿的商标使用费和技术提成费。2007年，我跟迪尔说："我们自己还要生产拖拉机，自己还要干农机，因为你扩大不了内外市场。"换句话说，你给我的分红和我给你提供的服务，不能满足天拖的需要。况且我们也没有盗用迪尔的技术，也没有承诺从此不生产拖拉机。经过激烈的斗争和谈判，2007年我们开始自己研制跟原来工艺路线不一样的大马力拖拉机，也叫模块化大马力拖拉机。

当时合资的时候我们生产只到654型号拖拉机，恢复后又生产724型号也就是70马力（51.5千瓦）以上的，804型号到904型号，最后生产到104型号、124型号、144型号拖拉机，我们从2007年又陆续恢复了65马力（47.8千瓦）以上的拖拉机，还有65马力以下的拖拉机，包括到宝坻建厂以后跟长春拖拉机厂合作的40马力拖拉机。2008年开始陆续研发全位入式小麦收割机。后来又跟日本久保田和韩国大同公司生产半位入式水稻收割机，买了上千套韩国大同的各台核心部件。后来，根据三大粮食作物耕种收的需求，又研发了适用粮食作物耕种收机械化的拖拉机，得到了全面发展。

2012年天津市领导决定让天拖搬迁。因为天拖坐落在南开区红旗路，作为一个大型企业，每天的进出货物在400吨左右。在中环线这个位置上，只能晚上发货，白天拖拉机不让上路。每天晚上迪尔轰轰地往外开拖拉机。迪尔公司因为跟我们签的是50年的租赁合同，要到2030年。所以他不愿意搬离红旗路天拖，我们给他的租金也比较便宜。一平方米一个月10.51元，66万平方米大约是1000亩地，而且还包含很多权属不清的地。迪尔说，你如果让我战略东移，我就撤资。一开始合资迪尔想搬到开发区去，后来改变主意，按照美国法律，我们租了50年。后来由我出面做工作，从2002年进厂，就开始谈，我们谈了10年，上千次谈判，转战于中国、美国，天津、北京，当时美国迪尔公司还提出如果搬家，就要赔偿5个亿，等等。后来我跟迪尔细算账，不但不能赔偿迪尔5个亿，还要倒赔给天拖2个亿。最后撤资算账就是按这个价格赔付给我们的。

我跟美国人说过，现在不是十里洋场、华人与狗不许入内的时候，也不是1840年鸦片战争，八国联军的炮舰能在塘沽登陆的时候。咱现在就是在商言商、平等互利，最后的谈判结局还是不错的。迪

尔北京投资公司的董事长道格拉斯，后来刘静晖当了总裁，他是清华大学毕业，原来是政府官员，后来去了美国，担任亚太地区总裁和北京中国投资公司的总裁，我们关系处得不错，但是利益是争的。两国相争不斩来使，不影响我们个人之间的关系。团结、批评，通过这种形式达到最终的目的。谈判的过程就是一个妥协和让步的过程，没有单方面的，打和谈是相应。都是在打的基础上谈，谈基础上再打，互为反作用。可以这么讲，这就是一场拉锯战。

2013年的6月份，天津开始对甘肃藏区对口支援。我就到甘南藏区担任副州长、州委常委。我是第一副州长，曾经分管过办公室、外事、扶贫、对外联系、气象局、地震局、畜牧局、水利、电力等，最多的时候主管过13个方面的工作。甘南州面积是4.5万平方公里，是天津的4倍，人口只有70多万，以藏族为主的。我在那工作了一段时间，《甘南日报》刊登我州与天津市援甘干部座谈会召开的新闻，"温辉同志作为天津市第一批援甘干部的领队，在艰苦的条件下，恶劣的环境中，始终发扬特别能吃苦、特别能忍耐、特别能战斗、特别能奉献、特别能团结工作的精神，始终牢记援甘宗旨，把甘南作为第二故乡，把甘南作为自己的家，在作风上求优、形象上求好、思路上求新、工作中求实，不怨工作的繁杂，愿意多挑担子。他在人格上的高大气魄，品格上的谦虚谨慎，作风上的雷厉风行，协调上的果断干练，领导上的沉稳大气，交往上的心直口快，生活上的简单明了，工作上的满腔热情，情感上的喜怒有制，认识上的高屋建瓴给我们留下了深刻的印象。"这是当时甘南州书记俞成辉对我的评价，他现在是甘肃省人大常委会副主任。我是2016年8月2日离开的甘南藏区，当天心情非常激动，党政军领导班子，人大、政协、政府、党委等部门，有领导，有普通干部，群众，有认识的，有不认识的，自发来送行。当时我脖子上差不多戴有300多条哈达。援藏的这段经历对我的人生，是一场历练。2017年1月23日，市委组织部让我回天津百利集团继续担任常委和副总经理。我在百利干了一年，2018年1月19日，市委决定让我到天津渤轻集团担任党委书记。

在天拖工作了11年半很有感情，在离开天拖的时候，往事历历在目。这是我多次调工作最动情的一次。因为天拖号称"四大天"，在我们天津人民心中，在我们共和国的农机制造史上，都曾经留下浓墨重彩的一笔。我作为一个承上启下的带头人和党的事业传承者，对天拖倾注了很多的心血，取得的一些成绩都离不开党和政府、广大群众的帮助，同时也得到了历练，也吸取了一些经验教训。我对天拖非常有感情，非常热爱，非常眷恋。在援甘期间，回天津过春节的时候，想看看天拖，但又不愿意打扰天拖的领导，就带着家人，自己开车，围着宝坻天拖厂院转一圈。

天拖的一些老同志们，对天拖作过特殊贡献的人包括吴敬群、张太川，都跟我有联系。当时天拖医院要划归政府，我在领导班子专题会上说："我们应该端正态度，是我们拯救了天拖？还是天拖成就了我们。你们如果才高八斗，身怀绝技，天拖不一定养得住你们。咱们这点才华，这点知识，这点能耐，在这个位置上要珍惜，是天拖成就了我们，而不是我们挽救了天拖，也不是我们挽救了天拖的医院。"我原来干的厂不过都是汽车零部件小厂，效益虽然不错，但不是太大厂子。天拖最早1937年从汽车制配厂开始，到1956年1月1日建厂。是因为有了天拖，温辉当过天拖老总，人家才知道温辉，所以还是企业成就了我们。我们中国的教育跟欧美的不一样，我认为我们中国的教育真是高手在民间，群众是真正的英雄。我们走的不是精英治国论，搞坏一个企业，一个人就行，只要一把手不行，这企业好不了。搞好一个企业要靠一个班子团结的力量。我从1986年入党至今，我对共产党的道路和理论非常推崇，是真心向党、向着组织，我的出身不能选择，但是个人道路是可以选择的。入了党就矢之不渝，跟党走，听党话，踏踏实实地做一些正能量的事情，端正三观，这很重要。国企存活下来不容易，我们天津的国企存下来更不容易。我们现在重温这些历史，我们祖国有四大发明，是五千年文明古国，咱们在当今世界科技强国里名列第几？咱们的国内生产总值是第几？每年培养多少诺贝尔奖的获奖候选人？自然科学奖得到多少？我们在科技强国方面还有比较长的路要走。我们的制造业，经济体量已经位居世界前列，坐亚望冠，我们这些软实力还有待于提高。重温这些历史，是为了提振我们的信心。为了证明我们中国人，我们共产党人也能、也行。一段时间来，种种内外部环境造成的，我们某一个行业衰败了，从全国的领先位置跑到最后，乃至现在默默无闻，我们都有责任，应该痛定思痛，怎么奋起直追，继续发展？铁牛的衰败，天津夏利的衰败，都是我们长时间没有很好地搞技术革新，没有很好的对市场进行分析。也有外部原因，当时如果夏利不跟一汽合资，丰田就不跟咱们合资。我们自认为我们生产的夏利比桑塔纳还便宜，是国民代步车。没想到如今再买个夏利车送给孩子，孩子都不要，三四线城市都不要。人民的生活水平不断提高，我们在满足人民日益增长的对美好生活的需求。增长的幅度、速度是快的，这个加速度是高的。咱们老生产三缸夏利不行。天拖以大变速箱为中心，马力储备大，以654型号拖拉机都能干过洛阳的904型号拖拉机自居。另外我们跟部里农业机械化司制定的补贴政策人员沟通少，使我们这些小马力、油耗低、功率储备大、干活实在的机型落后。国家的补贴是按发动机马力给予的，我们是小脑袋、大身子，人家是大脑袋、小身子，正好符合国家的补贴政策。

要加强供给侧的改革，好的供给侧能够创造和改变需求侧。比如说手机具备的功能如同人的器官一样，已经离不开它。所以说供给侧和需求侧如何才能搞好？如何能审时度势？如何能站在未来的立场看需求，瞄准市场？这是留给我们后边的经营者、管理者时刻不忘的课题。工业企业、商业企业、贸易企业、甚至金融企业都不能脱离市场。过去有句老话"围着市场转，盯着市场干"，一旦没了市场，什么都不行。天津渤轻集团给市场提供的轻工产品大部分属于快消品。快消品高品质、高颜值，但不会高附加值、高性价比，就如同丰田车的标志就比夏利车贵2万块，这源于对丰田车的信任和丰田车的高性价比，我研究汽车年头比较多，作为一个普通的中国人知道奔驰、宝马，但是买车还是选择高性价比、高品质的丰田车。所以我们无论生产什么产品，我们的后人把企业管理好、把成本算细、把市场认准才是长盛不衰的根本，这是硬功啊。

我在天拖干了11年之久，作为一个国有企业，这么多年以来积攒着中国最优秀的工人阶级。毛主席说工人阶级是最先进的阶级。农村包围城市以后，工人阶级最讲团结，最讲奉献，最有知识、有觉悟。共产党是工人阶级的先锋队。主席说的没错。但是几千年几百年下来，传统文化中既有精华，也有糟粕。要把中国人能吃苦，不怕困难，朴实团结，凝聚力强的精华部分继承下来。我到天拖之后灌输一种理念，无论是与迪尔合资的内部，还是外部，天拖是大企业，曾经辉煌过，但是企业不是银行，更不是中国人民银行，中国人民银行管印钞。反过来，现在的银行都是商业银行，它得靠存和贷的差额才能存活。最简单的道理，我们企业是商业团体，不要认为天拖是泰坦尼克号，永不沉没的泰坦尼克号，结果大船沉了就害死很多人。我坚持一种理念，不要把群众都带到悬崖上，告之前面没路了。天拖现在之所以减员增效，就是从职工的身体、家庭，到各自技能考虑。天拖这个农机行业在萎缩，产量在下降。农机的效益从来没高过10%，也就5%左右。如果有自我资金还能活着，如果是依靠贷款干脆白干。因为贷款利息平均4.2%，高1.1%上浮。现在我们遇到了困难，在海上遇上风浪，我们必须抛负载。在抛负载时给你救生圈，给你救生艇，达到彼岸就是一片光明，还可以继续前进。而有的职工却说："我生是天拖的人，死是天拖的鬼。我爸是天拖的，我孩子还是天拖的，我一家三代都是天拖的。我小时候在天拖子弟小学成长起来。"现在时代不同了，要摒弃这种观念。如果职工有特长会文艺，可以选择离开。婚礼主持人是一种行当，天拖出了数个金牌婚礼主持人，过去在厂里都是能说会道的，每个人站在台上大灯一照，第一次都是紧张的。要感谢天拖厂子的培养，能面对众多观众张口说话。

有科学技术和手艺的工人，我们挽留不让走。一般没太大手艺，有特长，有优势的，可以拿几万、十几万、二十万的补偿款，自创门路。天拖原计划从1800人裁员到500人，那一天在大厅领补偿款，就减到几百人，当时我的心情非常不好。我作为一厂之长，让大伙拿这点钱各奔东西，我厂长无能，我自责。

这就是我给大家的危机教育。减员增效后，天拖从1800人减到500人，一个月工资费用就减少很多。我们实际与迪尔合资后，从2004年天拖的总体报表是盈利的，是不亏损的，投资有收益。技术提供费、商标使用费，再加上分红和租金，我们是有收益的。从大账上来看天拖不亏损。正是减员增效后，我们才研发了小麦收割机、玉米收获机、半入式水稻收割机，才再一次赢得了让天津汽车公司同意我们从南开区红旗路搬家后在宝坻建新厂。

法治在先，信访工作要带着感情做，不能生硬。如何带着感情做工作，如何把这些进入迪尔的像吴敬群等仅存的老技术人员使用好。另外引进老于他们团队，搞模块化的大马力拖拉机。他山之石也可以攻玉，所以说还是要放开眼界。不唯上，不唯书，只唯实，要的是企业发展和产品研发，要的是生产和研发试销对路的产品。孜孜以求，不以善小而不为，不以恶小而为之，只要我们努力工作，办法总比问题多，会陆续解决历史问题，会使企业一点一点往好的方向发展。

当然这期间也跟中国农业机械的大势有关系，跟国家的宏观政策有关系，调整了对农业机械的补贴政策。农机的发展是起伏式，到农机的大补贴，到井喷式，井喷式之后有一个落势，农机隔两年就有一个大的提高，隔两年就有大的提高。现在我们的农机化耕种收水平确确实实提高了，特别是小麦收割机械化程度几乎达到100%，收割玉米也达到80%，主要还是花生、甘蔗，经济作物土豆、马铃薯还差些。种的作物机械化耕种比较多，像水稻插秧机全部是机械化，水稻的收获机械化非常高，全入位和半入位拖拉机都有。玉米收割也上了拖拉机，三大粮食作物全部使用拖拉机耕种。新型的农业工人、农民都在城里打工，我们也用了好多农民工。这两天正请假回家收玉米，把自己的几亩地收割完成。另外也雇佣机械收割玉米，现在玉米不好收，玉米长到2米多高，亩产1000多斤（500多公斤）。青纱帐蚊虫叮咬、闷热，收完了再往外运输很困难，使用机械化收割尽管有点破损率，速度还是快。一个人回家收点玉米，给累坏了，玉米才卖多少钱，得不偿失。

最近随着国家外贸政策的调整，我们的粮食作为战略储备，基本上还要自给自足。尽管我们每年都要从澳大利亚、美国购买粮食，买的粮食甚至比自己种还便宜，但是作为辅助性也不能把我们国家的土地撂荒。粮食是我们国家战略物资。所以我觉得农业机械化的路，更新还有市场。就好像新冠病毒来了，很多饭店都关门了，但仍然还有开张的，这就要研究人家饭店为什么开张，为什么能行。在夹缝当中农机行业想暴富、想大起，或许很难，但是农机科技含量还是存在，有发展空间，比如全程CVT，就是无级变速的拖拉机、农机；无人驾驶拖拉机，用5G技术由卫星直接导航；还有全电拖拉机，因为拖拉机晚上基本不作业，充一宿电，白天全天无污染，更容易实现无级变速。农村的农机还存在大量开发的潜力，我觉得还有方向，相信高手在民间。我们要尊重人才，要尊重知识。卑贱者最聪明，高贵者最愚蠢。我们是需要有一个虚怀若谷的态度，有个科学的态度。作为厂长，如果技术、工程、财务、法律一点都不通，他干不了。厂长要具有企业家的精神，负责的精神，吃苦耐劳的精神，顽强拼搏的精神。

陆为民·简历

陆为民，男，汉族，1962年8月生，天津市人，1984年3月加入中国共产党，1984年8月参加工作，研究生学历，管理学博士。

现任天津市科学技术协会党组书记、常务副主席，第十一届市委委员，市第十七届人大常委会委员。

简历：

1980年9月至1984年8月　北京农业机械化学院农业机械设计制造系拖拉机设计制造专业学习

1984年8月至1994年6月　天津拖拉机制造厂（天津拖拉机制造有限公司）人事科干部、副科长，人事处副处长、处长

1993年5月至1994年6月　借调天津市委组织部帮助工作

1994年6月至1996年5月　天津市委组织部经济干部处主任科员

1996年5月至1998年12月　天津市委组织部经济干部处副处级调研员

1998年12月至2001年7月　天津市委组织部经济干部处副处长

1999年9月至2001年6月　天津大学管理学院管理科学与工程专业在职研究生学习，获工学硕士学位

2001年7月至2004年6月　天津市委组织部经济干部处处长

2002年7月至2007年3月　天津大学管理学院管理科学与工程专业在职研究生学习，获管理学博士学位

2004年6月至2005年7月 天津市委组织部区县干部处处长

2005年7月至2008年9月 天津市委组织部副巡视员、区县干部处处长

2008年9月至2011年7月 天津市委组织部副巡视员、综合干部处处长

2011年7月至2014年6月 天津市委组织部副部长、综合干部处处长

2014年6月至2016年3月 天津市委组织部副部长

2016年3月至2018年12月 天津市委组织部副部长，市非公有制经济组织和社会组织工作委员会书记

2018年12月起 天津市科学技术协会党组书记、常务副主席

对于天拖应该说我了解得比较早。我上的大学是北京农机学院，学的是汽车拖拉机专业。在学习的过程中学习设计制造，老师在讲专业课的时候，除了介绍一些国外的品牌如约翰·迪尔、菲亚特之外，国内的品牌重点介绍东方红-75、铁牛-55，还有南方清江-50产品，那时候我就对天津拖拉机制造厂及产品有了初步的认识。当时我们大学毕业分配是国家计划分配，我记得当时学校给天津市教育卫生委员会开的报到证。我7月20日离开学校，7月下旬就到天津市教育卫生委员会报到，报到后，天津市教卫委留下报到证，让我过一段时间再来，等待再分配。又过几天，让我去天津机械工业局报到，一周后天津机械工业局给我开介绍信去天津拖拉机厂报到。

我是1984年8月12日到天拖报到的，报到后参加了为期一周的入厂教育，一些老领导、老科技人员介绍天拖的情况和天拖厂史。当时感觉这个厂子挺大，每天上班很壮观，早晨七点半上班，下午四点半下班，上班和下班都是通过工厂的广播系统播放军号。上班军号吹响之前，职工有坐公交车的、有骑自行车的、有住家属区步行的，从天拖家属区到工厂的龙川路进厂，浩浩荡荡，川流不息，这样的场景大约要持续20分钟。下班的军号吹响，工人们也是如此，很是壮观。当时给我的感觉是天拖这个国有企业很正规，很有气势，很有气质。

1984年天拖厂的经济效益还是不错，一年生产铁牛55马力（40.5千瓦）拖拉机将近1万台。1985年利润达到2000多万，在当时2000多万是可观的，也是历史上最

好水平。随着改革开放的深入，国有企业开始改革，经营自主权下放给企业，实行厂长负责制。上班后开始挣工资，第一年是实习工资46元，一年后转正定行政22级56元，每月还有4元的奖金。4块钱将近占工资总额的十分之一，心里特别高兴。一线工人的奖金更多一些，他们按照计件来计算奖金，有的能拿十几元钱的奖金。应该说当时的技术人员、工人的精神面貌都非常好。我们那届来了20多个大学生，因为我是党员，上大学时就入了党，于是被分配到天拖人事科负责专业技术人员管理。通过从事这项工作，了解到天拖工程技术人员多、大学生多。天拖企业科室有设计科、工艺科、设备科、检验科等，有几百名工程技术人员。后来我负责企业专业技术人员的职称评审，更详细地了解企业工程技术人员的情况。我们当时厂长叫钱端有，他是20世纪40年代从日本东京帝国大学毕业的高才生，知识分子世家，在农机行业专业技术领域很有威望。另外，还有一批老工程技术人员，新中国成立前和20世纪50年代初毕业的大学生就有10多个，天拖第一批正高级工程师就评定8人，评定高级工程师100多人，中级工程技术人员400多人。那时候天津市职称办公室授权天津拖拉机制造厂自己组建高评委，除了正高级不能自己评，副高级及中级、初级的十几个系列都能由天拖自己评定。

  天拖实力很强，是国家大型骨干企业，全国最大的中马力轮式拖拉机制造企业。生产履带式拖拉机的是洛阳拖拉机制造厂，也叫第一拖拉机制造厂。天拖是仿照苏联明斯克拖拉机制造厂设计建设的，完全是我们中国自行设计、自己建设，运用自己的技术建厂。天拖历史悠久，它的前身是抗战时期，日本占领天津以后开办的精工修理厂，后来由日本丰田公司接收。日本投降以后被华北剿总傅作义部队收编，更名为天津汽车制配厂。1949年1月天津解放以后，由天津军事管理委员会接管。天拖第一任军代表叫李玉胜，是第四野战军的干部，作为军代表接收这个厂，后来任天拖厂厂长。

  在20世纪50年代天拖挺有成就，中国的第一台汽油机、中国的第一辆吉普车都是天拖生产的。生产出来后立即向党中央报喜，把样机开到中南海让中央领导检阅，毛泽东同志在北京看过样车。毛泽东同志1953年2月26日到天拖厂视察，了解生产情况。朱德同志也来过天拖厂里视察。刘少奇同志在天津干部俱乐部接见过天拖厂的技术人员。周恩来同志对天拖厂非常关心，经过几次上马下马，20世纪50年代天津拖拉机制造厂生产中马力轮式拖拉机纲领为5000台。"大跃进"时期，给天拖定的是年生产3万台。当时的规划就是从现在的黄河道一直到红旗路的南侧和复康路那边，全部划给天拖使用。"大跃进"结束，年产3万台的计划就下马了，又提出天拖年生产量为2万台的计划，后来2万台也下马了，最终确定成1万台中马力轮式拖拉机生产规模。周恩来同志对天拖的发展多次过问，"文革"期间工厂的发展停滞了。到20世纪70年代，天拖又重新上马，周恩来同志鼓励第一机械工业部和天拖厂的领导班子要把天天拖变成天天超。天拖受党和国家领导人亲切关怀，取得了一些荣誉，至少创造了三个中国第一：1951年生产出中国第一台汽油发动机；同年9月又研发出中国第一辆吉普汽车，并且作为对新中国的献礼送到北京；1958年生产出中国第一辆轮式拖拉机。当时天津市创造了一百多个中国第一。

1956年1月1日，原天津汽车制配厂正式改名为天津拖拉机制造厂，1986年我正好赶上天拖建厂三十年大庆活动，当时厂里的领导决定编制大事记，记录天拖的前身以及天拖的发展历程。天拖三十年大庆活动，天津市领导和天拖厂都非常重视，在天津市干部俱乐部召开庆祝大会，在天津市人民体育馆举办庆祝天拖建厂三十周年文艺演出，邀请市领导和机械工业部领导等出席，天拖厂历任的老厂长和老同志也都参加。我当时参加的是天拖厂在自己的礼堂召开的庆祝会，会上表彰先进、进行文艺演出、会后会餐，非常热闹，这都体现出当时天拖厂的兴旺。

我在天拖厂工作近十年，很有感情。结合现在开展的党史学习教育，在党的领导下推动中国工业化，毛主席是推动中国快速工业化的开国领袖。我国从1949年到改革开放开始时近三十年时间，基本建立了比较完整的工业体系和国民经济体系，为后面改革开放，从站起来富起来到强起来的伟大飞跃，实现中华民族伟大复兴奠定了坚实的制度基础和物质基础。天拖是我们民族工业发展的缩影，值得骄傲，直到现在天拖厂的铁牛产品遍布祖国大地。到1986年建厂三十年时，共生产了12万台铁牛-55中马力轮式拖拉机，咱们国家各省、自治区、市、县，甚至每个村都以拥有一台天津铁牛55马力拖拉机为自豪。那时候购买铁牛拖拉机非常困难，拖拉机产量少，购买拖拉机需要指标。后来新疆棉花大面积采摘，东北和新疆兵团都使用铁牛55马力拖拉机进行机械化耕作和收割。天拖为国家经济建设，特别是农业机械化作出了重大贡献。从20世纪80年代初，开始引进国外先进技术，最早合作引进就是美国约翰·迪尔公司在德国曼海姆工厂的技术。天拖组织技术人员出国学习，共组织四五批技术人员到德国曼海姆工厂进修。派出学习的工程技术人员学习热情很高，大量的图纸带回来后进行翻译和转化，将学习到的知识、技术进行消化吸收，设计我们自己的产品——铁牛80马力（58.8千瓦）拖拉机，制造样机。随着合作的深入，开始谈合资。

合资战略总体是正确的。改革开放后，中国好多工业企业的合资因为没有经验也付出了一些成本和代价，现在看得越来越清楚。美国合资就是要咱们的市场、咱们的原材料和咱们的廉价劳动力。我们合资是为了要美国的技术、资金。美国跟天拖谈合资条件非常苛刻：第一，需要控股并占股51%；第二，天拖原来自己的产品要逐步停止生产；第三，市场要让给美国迪尔系列拖拉机产品。天拖合资后铁牛系列产品停产，完全生产迪尔系列拖拉机。由于停产时间长，给天拖母体发展造成了较大影响，重新生产铁牛系列拖拉机都有困难。这种状况不只是天拖，其他行业也存在。合资后天拖铁牛品牌逐步退出人们的视线，生产的都是绿颜色的迪尔拖拉机，从60马力（44千瓦）、80

马力（73.6 千瓦）、100 马力（117.7 千瓦）到 160 马力迪尔系列的拖拉机。美国的产品、美国的技术充斥我们的市场，中国民族品牌受到一些影响。后来新天拖在宝坻区建厂，恢复了铁牛-80 的生产，还生产联合收割机等其他农业机械，但是很难再创造天拖昔日的辉煌。

天津的制造业有基础，工业门类齐全，天拖只是天津工业的缩影。天津的机械制造，装备制造，夏利汽车，石油化工，无机化工，有机化工，电子仪表，食品药品，钢铁冶金，都很有基础，应该说在全国很有分量。过去天津八大工业局门类齐全，在全国非常有地位。天津纺织工业、轻工业也很有基础，天津电视机、缝纫机、自行车、手表等在全国很有影响。现在是"北上广深"（北京、上海、广州、深圳），过去是"上青天"（上海、青岛、天津），天津为我们中国工业的发展、制造业发展立下了汗马功劳。天津有"四大天"，包括天津拖拉机制造厂、天津重型机器厂、天津第一机床厂、天津动力机厂，在机械制造业发挥了骨干和顶梁柱的作用。"四大天"企业都是原来机械部下放给天津的厂子，曾经在"四大天"工作的职工都感到很光荣。我刚到天拖工作，看档案知道天拖下放给天津之前，书记和厂长是中央组织部考察，然后党中央、国务院任命。下放给天津以后，人事任免经中央组织部批准，天津市来任免，相当于副局级单位。我到市委组织部工作后，看到天津有十几个副局级企业，机械局有几个，化工局有天津碱厂、天津化工厂，棉纺厂有 3 个，盐务局有 2 个，属于市委管理的副局级单位。后来随着改革深入，企业管理权限下放给有关的集团公司。

天津市委提出制造业立市，纳入"十四五"规划和 2035 年远景目标规划，是基于天津自身发展的产业优势、科技优势、人才优势、区位优势所作出的正确决策。天津从洋务运动开始大兴制造业，新中国成立以后天津工业迅猛发展，对经济发展起到重要支撑作用。现在天津提出制造业立市，既有基础也恰逢其时，是贯彻落实党中央、国务院对天津"一基地三区"城市定位，发挥天津特色潜力的重要举措。一是数字制造、智能制造为传统产业赋能，助推产业转型升级；二是战略新兴产业、信创产业、智能科技产业、生物医药产业、合成生物制造产业等新兴产业与数字经济有机结合，在这一轮科技和产业变革大潮中天津有一席之地，助推天津尽快发展起来。"科技创新和科学普及两翼齐飞"，对天津经济社会高质量发展起到很好支撑作用。科协组织作为联系服务广大科技工作者的人民团体，要发挥组织和人才优势，动员广大科技工作者落实天津制造业立市重大决策，为推进科技创新和产业升级作出贡献。目前，我们正在积极引入中国科协创新资源，聚集全国学会和院士专家人才，将推进全域科普和"科创中国"试点城市建设纳入天津的"十四五"规划和 2035 年远景目标的规划。我们还有杰出人才、青年人才建设，这三件事都是由科协牵头来做。我们将认真履行这方面的职责，为高质量发展作出科协贡献。天津的工业母机很有基础，天津有一系列的机床厂，以第一机床厂为龙头，后面有一系列的机床厂都很有基础，要把工业母机数字化、智能化。我曾经参观过吉利汽车公司生产车间、海尔智能化生产车间，都是高度智能化、5G全覆盖，基本不需要人工，通过智能化将上下游企业、产业链、供应链衔接起来，形成整个产业链智慧化生产，包括跟市场对接，潜力很大。天津有些企业技术工艺传承、产品升级换代没有跟上，所以要进行国企改革，引进战略投资者，引进先进技术和管理，逐步把制造业企业通过升级换代恢复起来，重振天津制造业雄风。对此，我们充满期待，也很有信心。

大事记

1949年1月15日， 天津解放。3天后，当时的天津汽车制配厂，即组织工人清理厂房，抢修设备。3月1日正式恢复生产。

1951年4月1日， 研制成功国产第一部四缸引擎15马力（11千瓦）汽油发动机（5141型）。后又试制成功20马力（14.7千瓦）、45马力（33.1千瓦）、6马力（4.4千瓦）、4马力（2.9千瓦）汽油机，为国产内燃机制造事业作出贡献。

1951年9月17日， 试制成功国产第一辆吉普车。9月19日组装出第二辆吉普车。9月25日，由职工驾驶两车，到北京中南海向毛泽东主席报喜，受到朱德、聂荣臻等中央领导同志的接见。《天津日报》发表系列跟踪报道。

1951年冬， 中共中央副主席、政务院总理周恩来在天津市干部俱乐部接见了天津汽车制配厂代表。随后，制造出国产第一辆旅行轿车，中央新闻纪录电影制片厂就此拍摄纪录片。

1951至1953年， 试制成功并生产坦克履带，支援抗美援朝前线。

1953年2月26日上午9时， 中共中央主席、中央人民政府主席毛泽东由国家机械工业部门负责人陪同到厂视察。

1956年1月1日， 天津汽车制配厂更名为天津拖拉机制造厂（简称天拖），初期仿制白俄罗斯"MT3-2型"37马力（27.2千瓦）拖拉机，生产大纲为年产2500台。

1958年4月10日， 第一批国产中马力轮式拖拉机在天拖下线，定名为铁牛牌。4月11日，《天津日报》在头版头条进行报道。

1958年7月9日， 刘少奇同志到天津视察，在市干部俱乐部接见天津拖拉机制造厂代表。

1958年11月13日， 朱德同志到厂视察，对天拖的工作予以肯定。

1959年9月， 成功试制两辆4019型和平牌小轿车，向国庆十周年献礼，为中国汽车工业作出贡献。国务院总理周恩来在北京中南海接见天拖送车代表。

1959年12月， 天津拖拉机制造厂扩建工程在红旗路破土动工，设计规模为年产2万台。工厂为农业机械部直属企业。

1970年7月6日， 国务院总理周恩来在北京接见天津拖拉机制造厂代表。

◎ 大事记

1971年，全年生产铁牛-55轮式拖拉机5315台。

1986年7月，开始试制小四轮拖拉机。9月28日，首批10台总装下线。

1988年7月9日，组装雁牌133A汽车。

1991年9月14日，组装的第一批微型卡车下线。

1992年月19日，中央政治局委员、天津市委书记谭绍文到厂调研，对天拖的工作作出重要指示。

1992年2月，研制成功600L系列拖拉机。

1992年8月19日，第一台铁牛牌804型拖拉机试制成功。

1996年12月28日，天津拖拉机制造有限公司正式成立运营。

1998年1月8日，张立昌同志视察天拖，对工作给予充分肯定。

1998年9月14日，铁牛牌1104型拖拉机研制成功。

2000年8月8日，天津拖拉机制造有限公司之一部分与美国约翰·迪尔公司合资成立迪尔天拖有限公司。

2003年5月，研制开发出4LZ-2型谷物联合收割机。

2005年9月，研制开发出4YD-4（3）型背负式玉米收获机。

2010年1月22日，天津拖拉机制造有限公司战略东移项目开工奠基仪式在宝坻区九园工业园区举行，王治平同志出席仪式并宣布该项目开工建设。

2011年，坐落在宝坻区九园工业园区的农机产业园天拖项目一期工程收割机车间、拖拉机装配车间生产线安装调试完毕。

2012年，天津拖拉机制造有限公司与美国约翰·迪尔公司决定合资终止。

2017年，天津拖拉机制造有限公司推出全新机型——161.7千瓦（220马力）拖拉机和籽粒收获机。

2020年，天津拖拉机制造有限公司被天津市评为"津门老字号"企业。同年，全面完成了混合所有制改革。

2020年8月28日，天津拖拉机制造有限公司在北辰区华盛道30号举行新址落成暨新产品下线仪式，并召开拖拉机技术与市场前瞻研讨会。活动期间，推出无人驾驶拖拉机，这是天津第一台无人驾驶拖拉机，也是中国第一款单天线无人驾驶拖拉机。

天津拖拉机制造厂
荣获天津市劳动模范职工名单 （1950—2015 年）

1950 年度
劳动模范：国兴、陈云衢、苏学瑞、寇文宝

1951 年度
特等劳动模范：金奎、邢德禹、钱端有、张金源

劳动模范：傅鸿宾、冠文宝、陈云衢、张玺久、李鸿宾、陈宝玉、蒋明如

1952 年度
劳动模范：陈宝玉

1953 年度
劳动模范：赵庆昆

1954 年度
劳动模范：赵庆昆、王永广、孙正木

1955 年度
劳动模范：国兴、王永广、林德时

1956 年度
出席一九五六年全国先进生产者代表会议：林德时、国兴

劳动模范：国兴、张森滋、王经伦、陈俊明、王永广、陈应球

1957 年度
劳动模范：何绍庆

1958 年度

劳动模范：王振远、程棣培、张文田

1959 年度

出席 1959 年全国工业、交通运输、基本建设、财贸方面社会主义建设先进生产者代表会议：张文田

特等劳动模范：张文田

劳动模范：张国良、王润兰（女）

1960 年度

特等劳动模范：张宝乾

劳动模范：张文田、袁宝珍（女）、王润兰（女）、王振远、王占春

1961 年度

特等劳动模范：张宝乾

劳动模范：王振远、张德满

1962 年度

劳动模范：齐雪楼、李俊

1963 年度

五好职工：孙正木、杨树义、韩远振、李芝桂

1973 年度

工业学大庆先进生产（工作）者：张宏年、江波、赵文琴（女）、高天友

1974 年度

工业学大庆先进生产（工作）者：张宏年、江波、赵文琴（女）张玉荣（女）

1975 年度

工业学大庆先进生产（工作）者：刘子鑫、张宏年、高国胜

1976 年度

工业学大庆先进生产（工作）者：刘子鑫、张宏年、高国胜

1977 年度

劳动模范：刘玉禄

先进生产（工作）者：杨以茂、刘子鑫、张宏年、高国胜

1978 年度

出席一九七八年全国科学大会先进工作者：张宏年

劳动模范：张宏年、刘玉禄、王忠铭

1979 年度

劳动模范：路玉芬（女）、杨志平、张宏年

1980 年度

劳动模范：路玉芬（女）、范秉兰（女）、杨志平

1981—1982 年度

劳动模范：张宏年、杨志平、陈玉川、路玉芬（女）

1986 年度

劳动模范：魏志培、刘炯辉（女）

1987—1988 年度

劳动模范：赵秉钤、魏志培

◎ 天津拖拉机制造厂荣获天津市劳动模范职工名单（1950—2015 年）

1989—1990 年度

劳动模范：张太川

1991—1992 年度

劳动模范：张太川、王承芬（女）

1993—1994 年度

劳动模范：陈义周、张太川

1995—1996 年度

劳动模范：王承芬

1997—1998 年度

劳动模范：刘大众

1999—2000 年度

劳动模范：刘大众

2005—2006 年度

劳动模范：吴敬群

2007—2008 年度

劳动模范：吴敬群

2015 年度

劳动模范：张学义

注：天拖荣获天津市劳动模范职工名单中，有部分同志是在原工作单位被评为市级劳动模范后调入的，名单如下：陈宝玉，由天津机器厂调入；蒋明如，由天津市针织厂调入；高天友，由天津市工业缝纫机厂调入；张玉荣，由天津市合成纤维厂调入。王经伦同志后更名为王亦武。

编后记

2020年年末，天津市档案馆（天津市地方志编修委员会办公室）收集到天津拖拉机制造有限公司（原天津拖拉机制造厂）很多珍贵的照片。为了记录历史、开启未来，市档案馆成立课题组，制订方案，启动《铁牛记忆——天津拖拉机制造厂影音辑略》的编纂工作。课题组成员分工协作，先后完成扫描照片、录音采访、整理录音口述、补充搜集资料等工作，2021年11月形成初稿，在广泛征求意见后进行修改，2022年年初完成定稿。

在搜集资料和编纂过程中，天津百利机械装备集团有限公司办公室主任郭维、许健，天津拖拉机制造有限公司的老员工支忠杰、郭京生、朱银娇、卜正明、杨长军等同志提供了许多有益线索和帮助。在扫描照片、录音转换过程中，得到了市档案馆技术保护部李跃、郭世红等同志的大力支持。在此，我们课题组全体同志对他们付出的艰苦劳动致以衷心的感谢。我们还要感谢在编纂过程中接受采访与提供信息、资料的所有领导和老同志，以及为此书编辑作出贡献的其他同志。

由于编纂人员经验和水平有限，加之编纂时间比较短促，掌握的资料有限，本书在资料取舍、文字表述、录音整理等方面难免有不足之处，望读者予以批评指正。